BRUXELLES DANS LA BD

LA BD DANS BRUXELLES

ITINÉRAIRE DÉCOUVERTE

© 2004 Versant Sud
Rampe du Val, 34
B-1348 Louvain-la-Neuve
Tél. : 32.10.45.51.44
Fax : 32.10.45.51.94
info@versant-sud.com
www.versant-sud.com

Conception graphique
et mise en pages :
Martine d'Andrimont -
ARTifice, Louvain-la-Neuve

Imprimé en Belgique

D/2004/9445/21
ISBN 2-9303-58-20-3

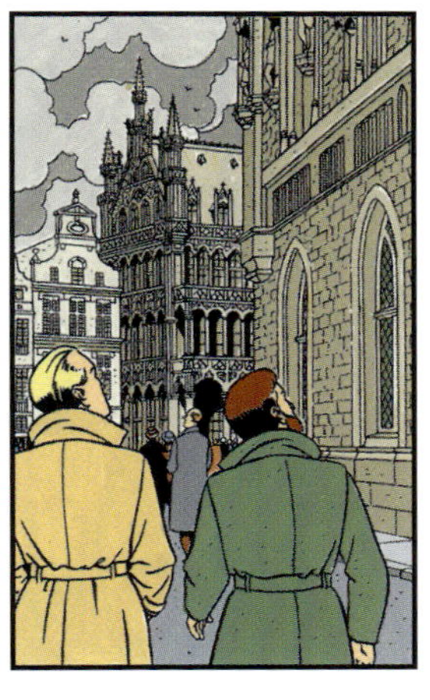

BRUXELLES DANS LA BD

LA BD DANS BRUXELLES

ITINÉRAIRE DÉCOUVERTE

Thibaut VANDORSELAER

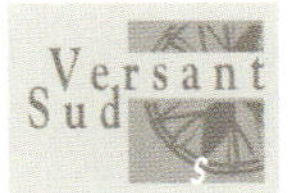

PRÉFACE

Si je vous dis Venise, Manhattan, Zanzibar, Acapulco ou Samarkande, vous rêvez. D'exotisme, d'aventure, de dépaysement, de mystère ou de romance. Si je vous dis Bruxelles...

Pour ceux qui n'y ont jamais séjourné, Bruxelles n'évoque pas grand-chose. Manneken Pis, le siège de la Commission européenne, la Grand-Place, peut-être l'Atomium, son urbanisme massacré dans les années 50-70, voire le Sporting d'Anderlecht... C'est maigre. Et c'est tout aussi dommage qu'injuste. Car Bruxelles, la capitale la plus verte d'Europe, n'est pas avare de ses charmes. Les manifestations culturelles y foisonnent, ses nombreux parcs à portée de tram incitent à la flânerie et à l'accueil de ses habitants, toujours une *zwanze* au coin des lèvres. C'est un vieux Bruxellois qui vous le dit : Bruxelles est une ville bourrée de plaisirs méconnus.

Cependant, pour de nombreux Européens, Bruxelles est avant tout la capitale de la Belgique. Et notre petit pays est unanimement considéré comme la mère patrie, outre ses bières et sa dentelle, de la bande dessinée. De nombreux auteurs, belges ou étrangers, flamands ou francophones, ne s'y sont pas trompés et n'ont pas résisté à la tentation de situer à Bruxelles l'une ou l'autre séquence des récits qu'ils animent. Le présent ouvrage de Thibaut Vandorselaer s'amuse à vous en donner maints exemples fort réjouissants.

Mais ce n'est pas tout. Il y a une quinzaine d'années, conscientes de la place privilégiée de leur ville dans l'histoire du 9e Art, les autorités bruxelloises, en concertation avec le Centre belge de la Bande dessinée nouvellement créé, décidèrent de faire de leurs rues une vitrine active de notre « cinéma de papier ». D'abord source d'inspiration, Bruxelles allait devenir un support. Et en quinze ans, près de trente pans de mur, aveugles jusque-là, se muèrent en d'éblouissantes fresques dédiées aux héros des bulles.

Trépignant d'enthousiasme et mixant les deux volets de ses recherches, Thibaut Vandorselaer s'est consciencieusement attelé à tracer un itinéraire pédestre qui vous fera faire le tour complet du centre-ville, son bouquin à la main. Tant pour retrouver les lieux illustrés par nos auteurs que pour découvrir leur talent sur l'écran géant des façades. Amoureux de la BD, vous serez comblé. Et si vous n'aimez pas les histoires racontées en petits ballons, allez-y quand même. Vous découvrirez le cœur de Bruxelles autrement que par les guides traditionnels.

Bonne balade !

Jean Van Hamme

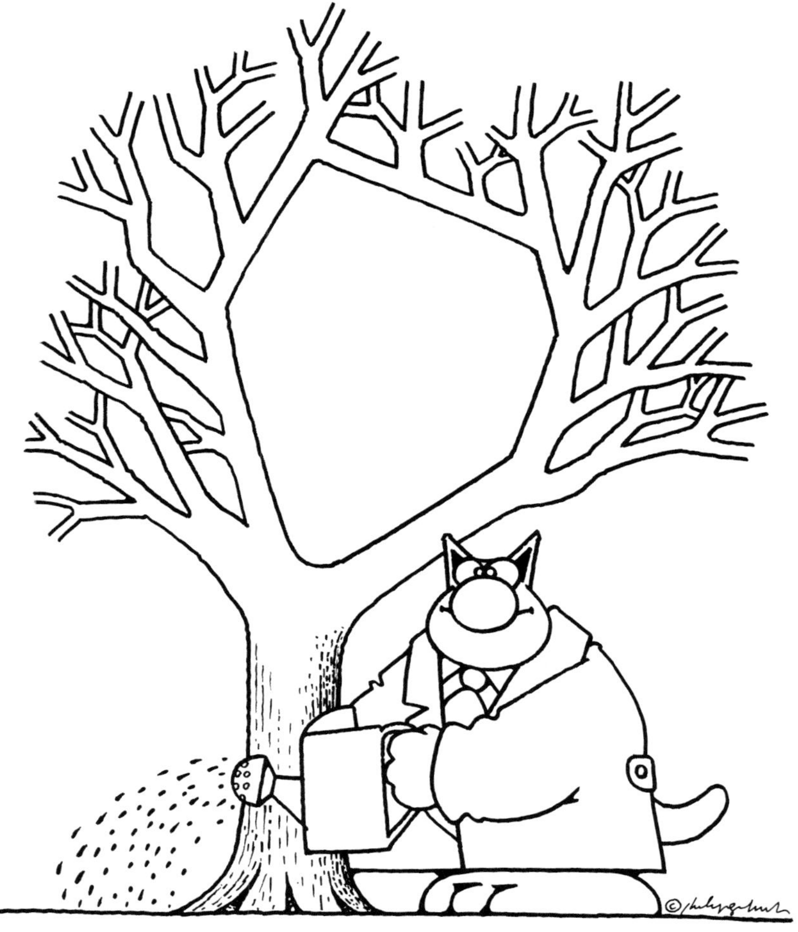

ITINÉRAIRE

Cet itinéraire pédestre dessine une boucle constituée de 60 étapes.

On peut donc y entrer à n'importe quelle « halte ». Il vous prendra entre quelques heures et une journée entière, selon que vous ferez des arrêts plus ou moins nombreux.

Pour point de départ, nous vous proposons la cathédrale des Saints-Michel-et-Gudule, boulevard de l'Impératrice.

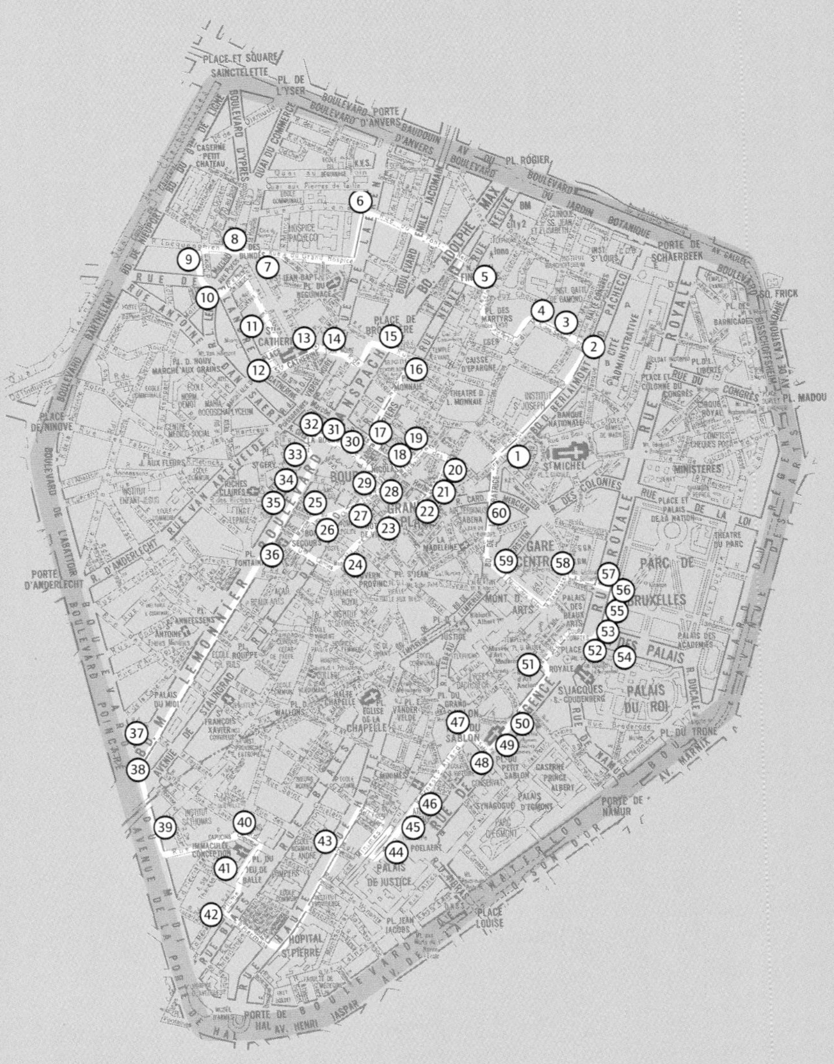

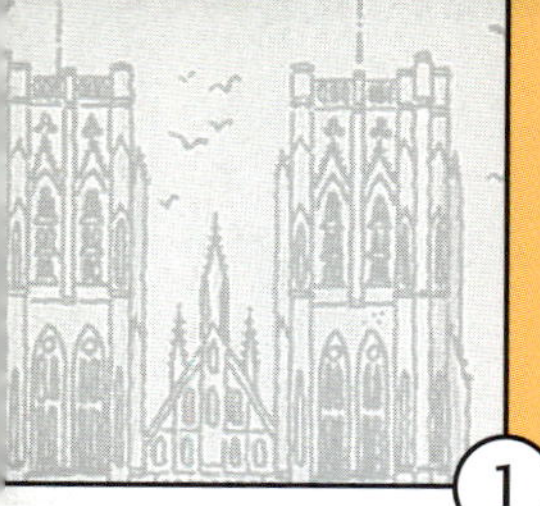

①

La cathédrale des Saints-Michel-et-Gudule est particulièrement imposante (110 m de long, 50 m de large et 69 m de haut), elle marie trois styles : le romano-ogival, l'ogival et le renaissant. Sa construction en effet a demandé plus de trois siècles (du XIIIe au XVIe siècle).

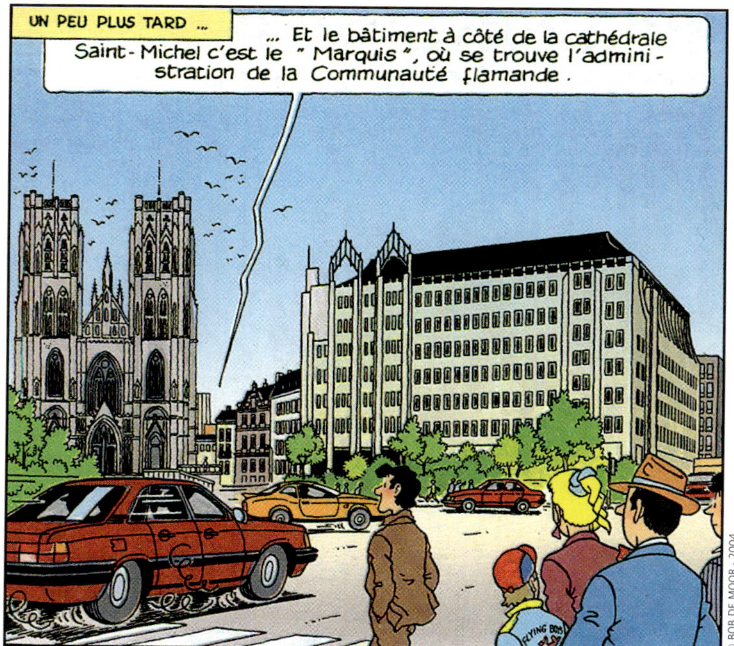

Les aventures de Barelli : Bruxelles bouillonne, DE MOOR Bob

Bruxelles bouillonne, l'une des aventures de Barelli, fut réalisée en octobre 1990 à la demande du ministère de la Santé publique et des Affaires bruxelloises de la Communauté flamande. Le héros, Barelli, est un jeune acteur ; après un long séjour à l'étranger, il se trouve en visite chez sa tante, à Bruxelles, et fait découvrir la capitale aux jeunes. À travers cette BD, la ville est mise en valeur grâce, entre autres, aux différentes institutions néerlandophones. L'illustration ci-dessus

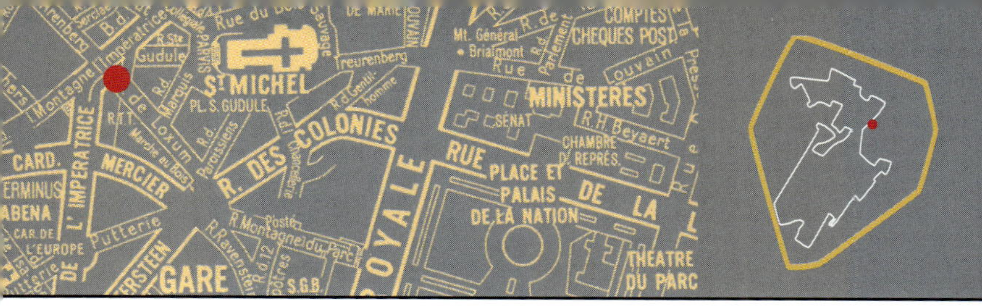

reflète d'ailleurs cette volonté : notez l'importance accordée au bâtiment de l'administration de la Communauté flamande par rapport à la cathédrale. Bob De Moor a tenté de respecter le site et ses aménagements. La seule différence par rapport à « notre » réalité vient de ce que la cathédrale a subi une récente rénovation de façade (achevée en 1999), qui lui a rendu tout son éclat.

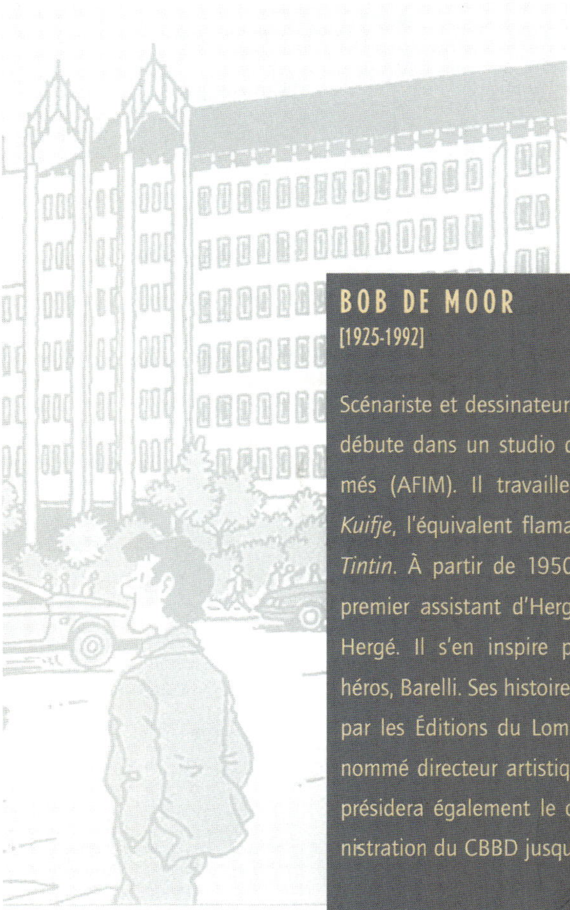

BOB DE MOOR
[1925-1992]

Scénariste et dessinateur, Bob De Moor débute dans un studio de dessins animés (AFIM). Il travaille ensuite pour *Kuifje*, l'équivalent flamand du journal *Tintin*. À partir de 1950, il devient le premier assistant d'Hergé aux Studios Hergé. Il s'en inspire pour créer son héros, Barelli. Ses histoires sont publiées par les Éditions du Lombard, où il est nommé directeur artistique en 1989. Il présidera également le conseil d'administration du CBBD jusqu'à sa mort.

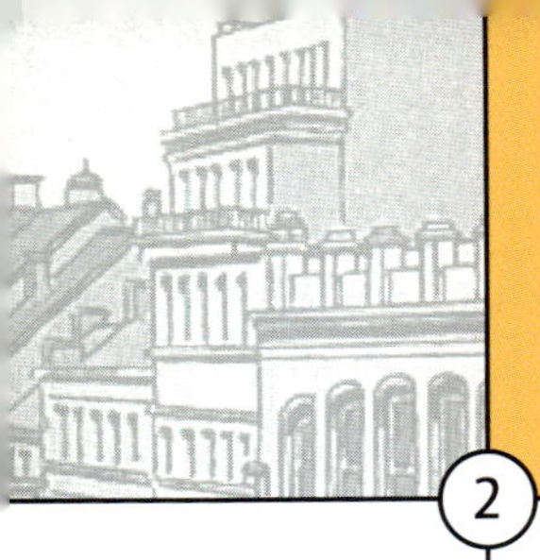

C'est le Gaston de Franquin qui vous indique le chemin. Sa statue avait été installée là en 1996, pour les cent ans de la BD. N'ayant pas été conçue pour l'intérieur, elle est actuellement en restauration.

B.D. Meurtres est l'un des derniers albums de Ric Hochet. Ric Hochet s'y engage dans une enquête délicate : une série d'attentats, d'incendies et de crimes perturbent le milieu de la BD. Après avoir échappé de justesse à un attentat, il découvre le criminel. Tibet représente de manière fidèle les lieux qu'il choisit pour cadre de ses aventures.

TIBET
[1931]

Scénariste et dessinateur, Tibet débute comme assistant-animateur au studio bruxellois de Walt Disney. En 1951, il travaille comme maquettiste au journal *Tintin* et crée sa première histoire complète, sur un scénario de Duchâteau. En 1953, il réalise les premières aventures de Chick Bill. Deux ans plus tard, avec Duchâteau encore, il lance la série des Ric Hochet. Aujourd'hui, Tibet continue à faire vivre ses deux héros, Chick Bill et Ric Hochet, au sein de nouvelles aventures.

ANDRÉ-PAUL DUCHÂTEAU
[1925]

Scénariste et romancier, André-Paul Duchâteau publie son premier roman à l'âge de quinze ans. Celui-ci sera suivi d'un grand nombre d'intrigues. Ses premiers scénarios de bandes dessinées sont publiés en 1948 dans les magazines *Bravo*, *Mickey* et *Spirou*, dont il deviendra ensuite le rédacteur en chef. En 1951, il se lance dans une longue collaboration avec Tibet. Dès 1965, il travaille avec de nombreux dessinateurs dont Christian Denayer, Daniel Hulet et William Vance. Duchâteau peut être considéré comme l'un des grands scénaristes franco-belges : il compte plusieurs centaines d'histoires à son actif.

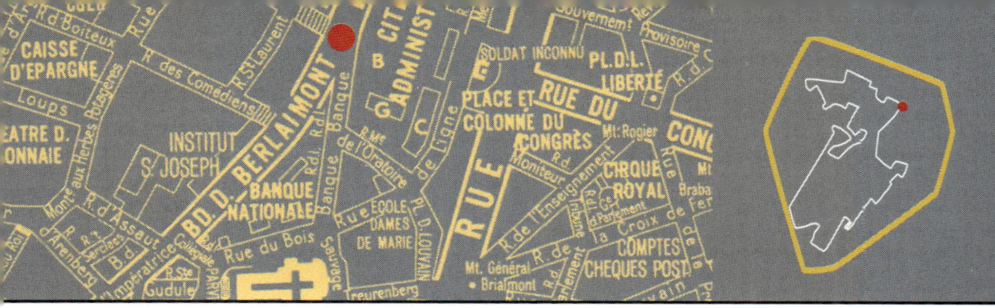

Ric Hochet : B.D. Meurtres, TIBET - A.P. DUCHÂTEAU

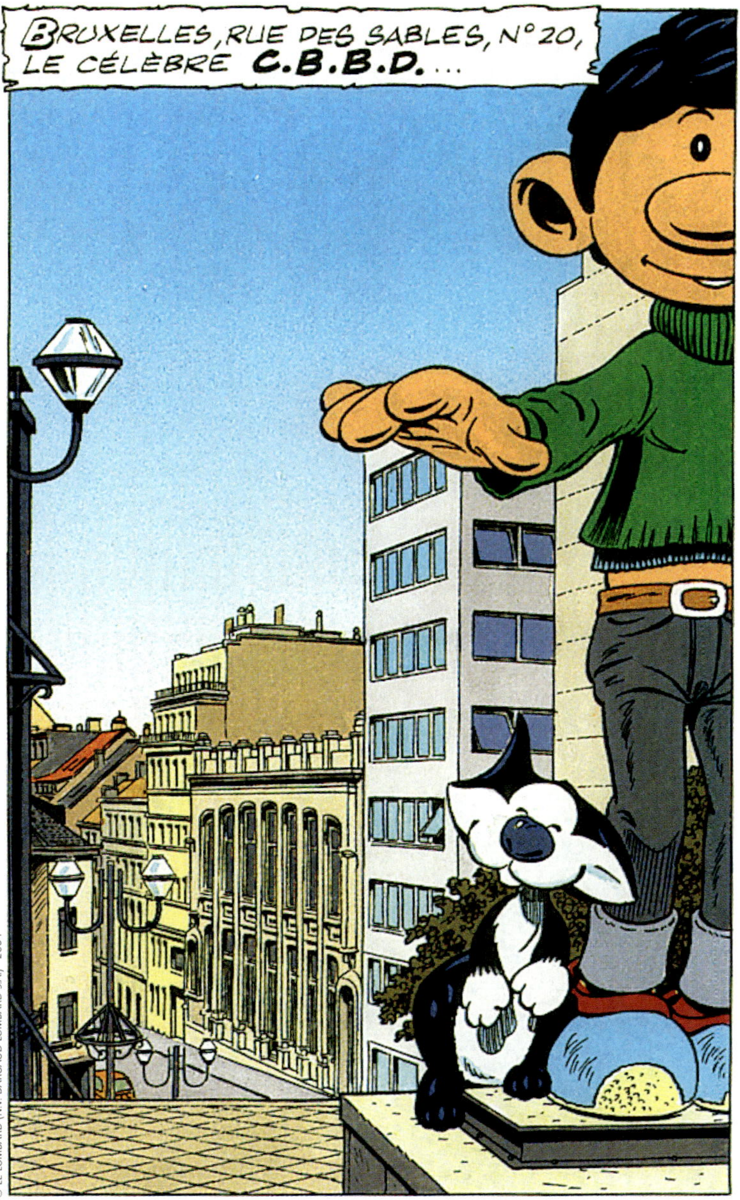

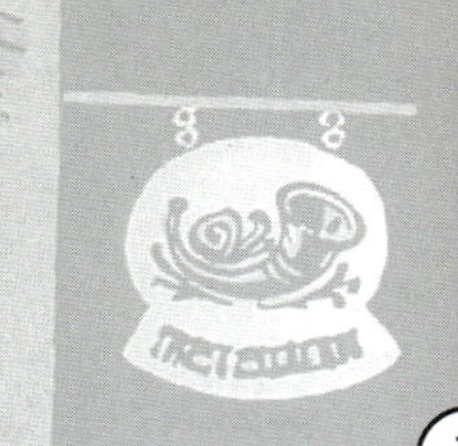

(3)

Au n° 20, sur votre droite, l'entrée du Centre belge de la Bande dessinée (CBBD). Le CBBD occupe depuis 1989 l'ancien grand magasin de tissus de la famille Waucquez, construit par Victor Horta en 1903. On peut aujourd'hui le considérer comme l'un des ambassadeurs culturels et touristiques de la Belgique. En 1996, qui célébra le centenaire de la BD, le Centre accueillit plus de deux cent mille visiteurs. Le CBBD est une ASBL qui poursuit deux buts principaux : promouvoir la bande dessinée et sauvegarder le haut lieu d'architecture Art nouveau qui l'abrite. Il remplit également une fonction d'information et de divertissement, en donnant au visiteur une vision particulière de la BD et de Bruxelles. On peut y découvrir des expositions permanentes – « la naissance d'une BD », « le musée de l'imaginaire », « le musée de la BD moderne » ou « l'espace Victor Horta » –, mais également des expositions semi-permanentes. Il organise en outre des conférences ainsi que des ateliers créatifs. Afin d'encourager et de promouvoir la création, il décerne chaque année le prix du Lion à un ou plusieurs auteurs débutants. Son fonctionnement repose sur différents types de ressources : 15 % de ses moyens lui viennent des aides allouées par

De avonturen van Nero : Het spook uit de zandstraat, Marc SLEEN

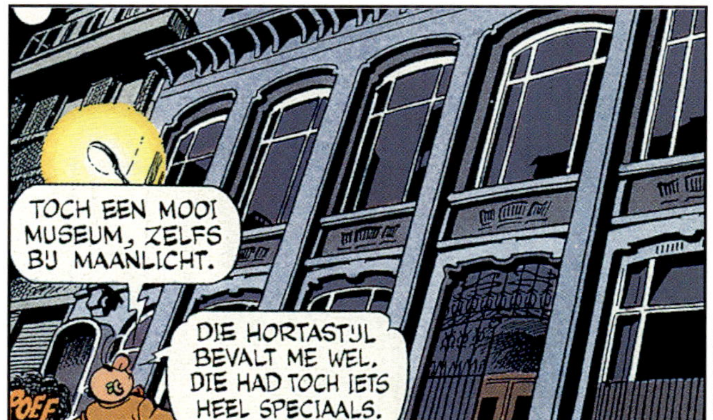

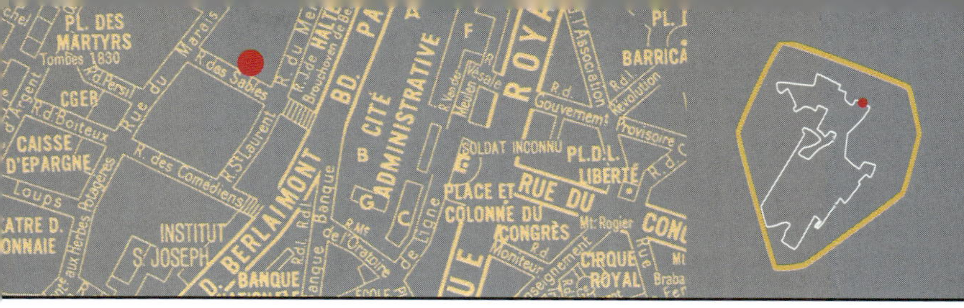

les pouvoirs publics ; le reste provient des recettes de la fréquentation, de la location d'espaces, des surfaces commerciales et de diverses sociétés de parrainage.

De avonturen van Nero : Het spook uit de zandstraat, Marc SLEEN

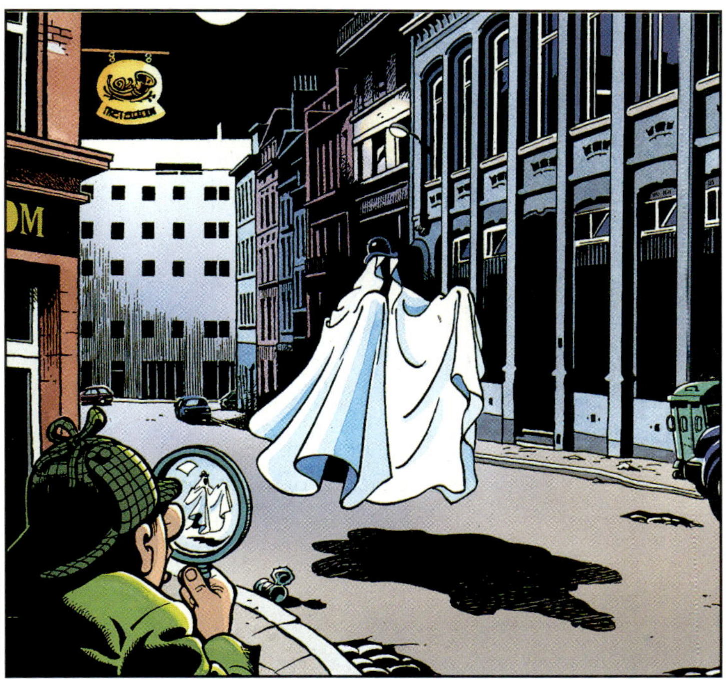

Dans l'aventure représentée ici, Néron quitte peu avant minuit une réception-rétrospective au CBBD et admire le bâtiment Horta. Entendant des cris de l'autre côté de la rue, dans les anciennes Presses Socialistes, il décide de se glisser derrière les palissades. Il y rencontre un fantôme malheureux dont il accepte de prendre la place. Au cours de la nuit, deux voleurs viennent cacher là le butin de leur hold-up, que Néron s'empresse de ramener à la police. Ce geste l'entraîne dans une foule d'aventures.

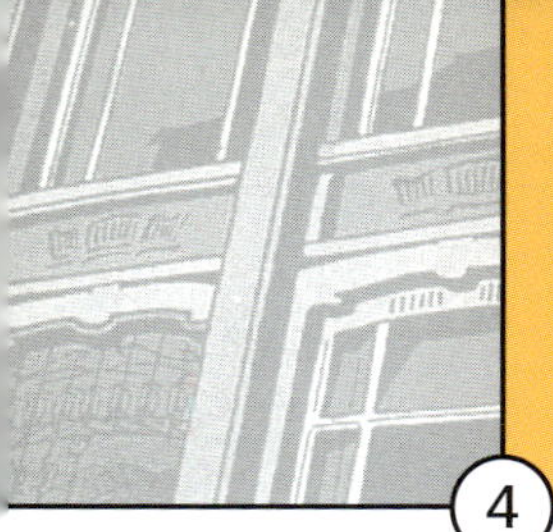

④

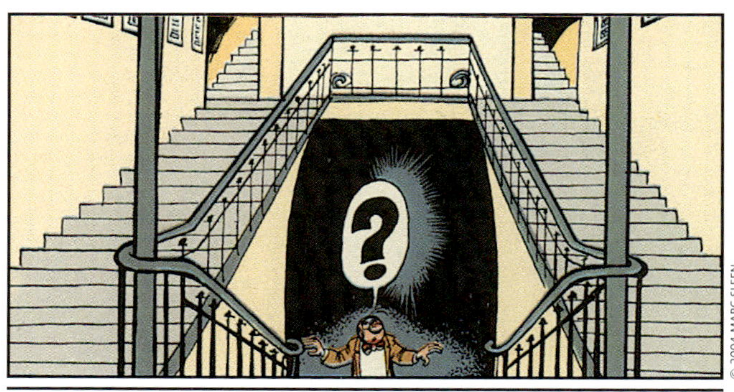

De avonturen van Nero : De verloren zee, Marc SLEEN

MARC SLEEN
[1922]

Dessinateur et scénariste, Marc Sleen débute comme caricaturiste pour différents journaux flamands. En 1947, il crée une série policière dont le héros principal est le détective Van Zwam. Ce dernier se fera voler la vedette par son assistant Néron dès le quatrième épisode. À partir de là, Néron devient le héros de ses propres aventures. Marc Sleen propose des dessins simples, amusants et fantaisistes, qui correspondent au goût du lectorat flamand. De 1951 à 1987, la série sera publiée en langue française, d'abord par les Éditions La Cité, ensuite par les Éditions Érasme. Mais elle ne connaît pas le même succès en français qu'en néerlandais.

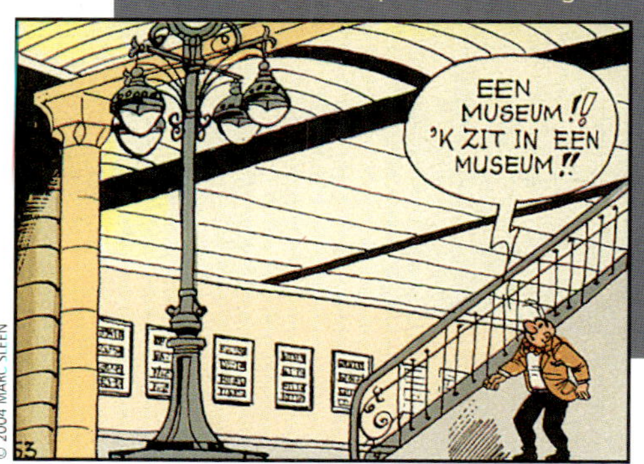

De avonturen van Nero : De verloren zee, Marc SLEEN

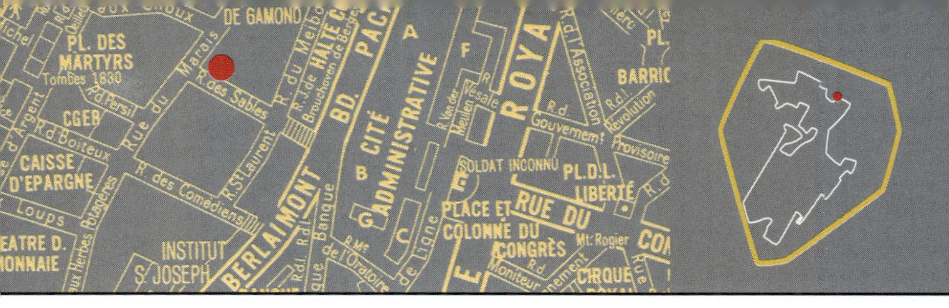

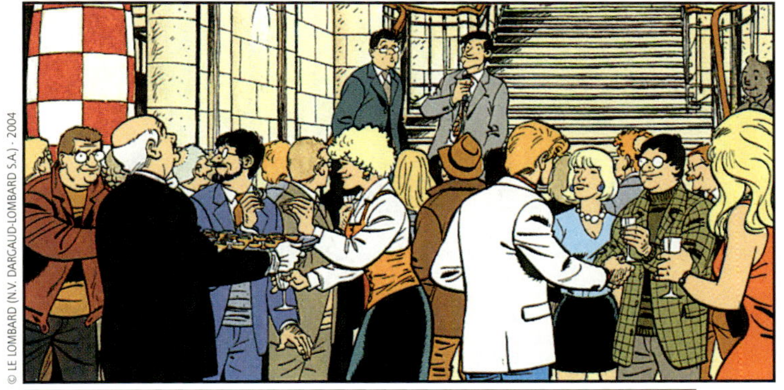

Ric Hochet : B.D. Meurtres, TIBET - A.P. DUCHÂTEAU

Diverses illustrations révèlent l'intérieur du CBBD.

Dans *B.D. Meurtres*, Ric Hochet est invité à une visite-réception au CBBD. Sur place, il est témoin du vol d'une planche inachevée. Celle-ci a été réalisée par un dessinateur qui vient de décéder de manière suspecte. Ric Hochet tente de rattraper le voleur car cette planche pourrait faire avancer son enquête. La vignette donne une représentation exacte du hall du CBBD (cf. la fusée et le buste de Tintin, de part et d'autre de l'escalier).

Dans *De verloren zee*, l'ingénieux fils de Néron invente un bathyscaphe et invite son père à l'accompagner dans les mers les plus profondes afin de battre le record du monde de plongée. Ils rencontrent des poissons extraordinaires mais constatent également la forte pollution des fonds marins. À près de 10 000 mètres de profondeur, la pression devient telle que Néron commence à avoir des hallucinations. C'est ainsi qu'il découvre le CBBD où trônent Neptune et ses sirènes. Le Centre se reconnaît aisément au lampadaire, aux escaliers et aux verrières. Mais l'illustration, loin d'être identique à la réalité, n'en est que largement inspirée.

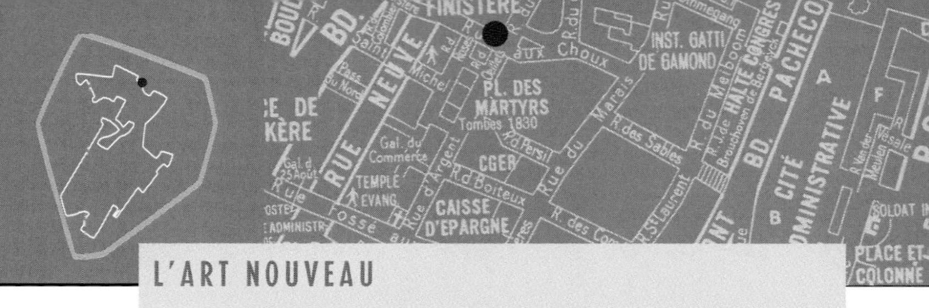

L'ART NOUVEAU

L'architecture « Art nouveau » est née à la fin du XIXe siècle, parallè-lement à l'industrialisation de la Belgique. Elle trouve sa source chez des architectes comme Victor Horta, Paul Hankar ou Henry van de Velde. Elle se caractérise par l'ouverture des espaces, la présence de grandes baies vitrées latérales et zénithales, l'utilisation apparente du fer, du verre, de la pierre et du bois, ainsi que par des lignes courbes. Le CBBD en est un magnifique exemple.

C'est Victor Horta qui réalise aussi le Palais des Beaux-Arts (cf. point 58) et la gare Centrale (cf. point 60), d'inspiration Art déco.

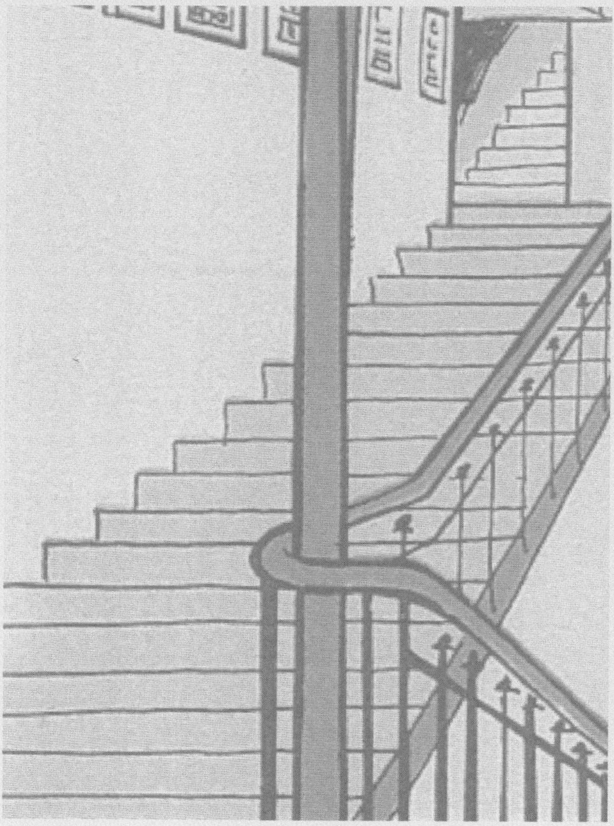

5

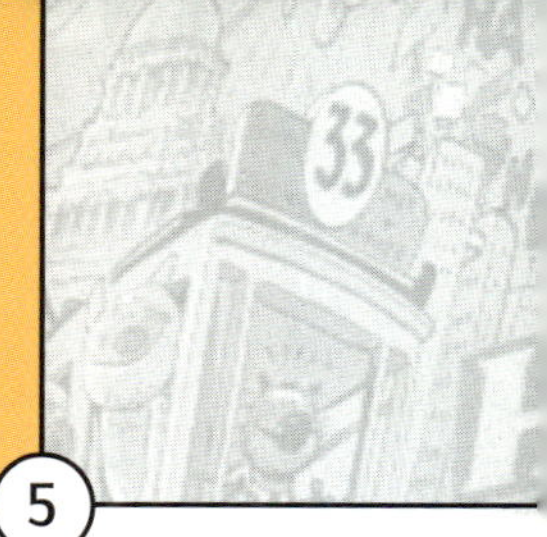

Face à vous, au n° 23 de la rue du Damier, se trouve l'hôtel de jeunes « Sleep Well ». Le hall de réception est orné de deux fresques de Johan De Moor, le fils de Bob. Comme elles se trouvent à l'intérieur de l'hôtel, elles ne constituent pas l'objet d'un point d'arrêt en tant que tel. Rien ne vous interdit toutefois de vous y rendre si vous le désirez.

Ces deux fresques présentent une double thématique : Bruxelles et la bande dessinée. Pour la ville, on retrouve des représentations du bâti

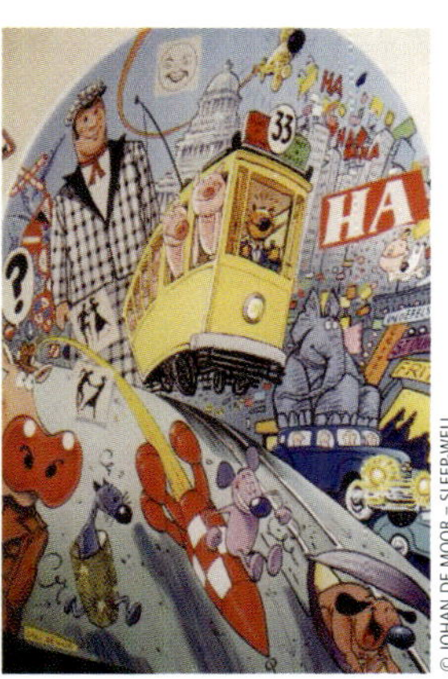

© JOHAN DE MOOR – SLEEP-WELL

telles que l'Atomium, le théâtre de la Monnaie et le Palais de Justice, ou des éléments de la culture bruxelloise, comme le tram 33, en référence à une chanson de Jacques Brel, la marionnette du théatre de Toone (cf. point 19), ainsi que des allusions à des spécialités belges (frites, stoemp…). En ce qui concerne la bande dessinée, on retrouve l'enseigne Tintin et Milou des Éditions du Lombard (cf. point 38), le Marsupilami, la Vache, la fusée de Tintin, le Chat, la Marque jaune…

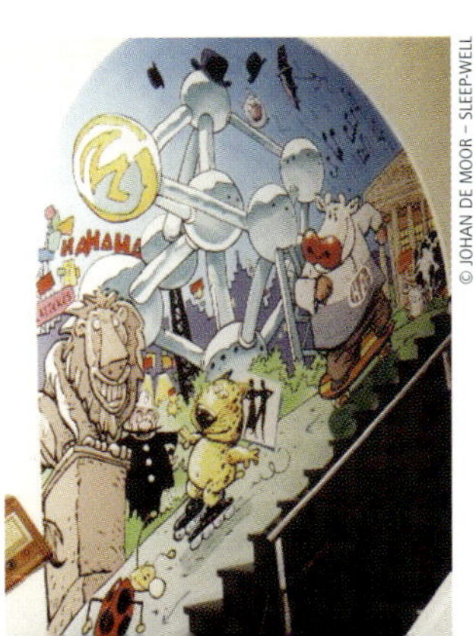

© JOHAN DE MOOR – SLEEP-WELL

JOHAN DE MOOR
[1953]

Johan De Moor, fils de Bob De Moor et filleul de Willy Vandersteen, se passionne tout jeune pour le dessin. En 1981, il entre aux Studios Hergé, où il prend en 1983 la direction artistique de 260 petits dessins animés de *Quick et Flupke*, les « ketjes » de Bruxelles. Après le décès de son père en 1992, Johan termine les dernières planches de son ultime album, *Dali Capitan* (Cori le Moussaillon). Actuellement, il travaille à une libre adaptation en bande dessinée du *Livre de la Jungle* de R. Kipling.

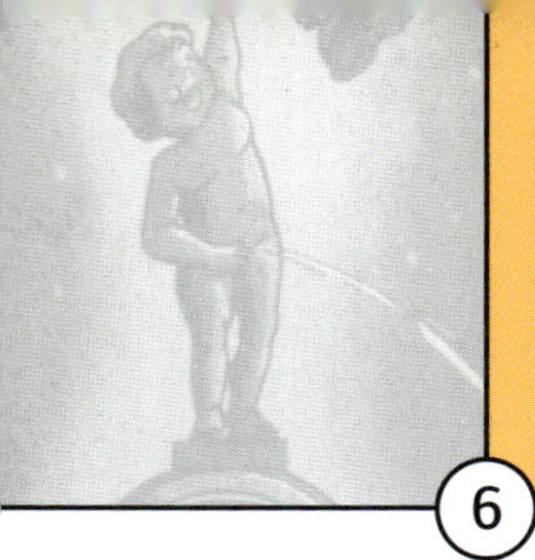

ENGAGEZ-VOUS À GAUCHE DANS LA RUE AUX CHOUX (OU, SI VOUS VENEZ DU « SLEEP WELL », DIRIGEZ-VOUS À GAUCHE EN SORTANT PUIS ENGAGEZ-VOUS DANS LA PREMIÈRE RUE À DROITE). VOUS VOUS TROUVEZ RUE NEUVE, FACE À L'ÉGLISE DU FINISTÈRE. ENSUITE, PRENEZ LA RUE DU PONT-NEUF, À DROITE DE L'ÉGLISE. POURSUIVEZ VOTRE CHEMIN JUSQU'À LA RUE DE LAEKEN (6ᵉ RUE À DROITE).

À l'angle de la rue du Pont-Neuf et de la rue de Laeken (à votre droite), vous découvrez la fresque de *Bob et Bobette*, de Willy Vandersteen.

Elle représente une pyramide humaine composée des principaux personnages des aventures de Bob et Bobette (de haut en bas : Bobette et Fanfreluche, Bob, Sidonie, Lambique et Jérôme). À la base, Manneken-Pis porte d'un bras, comme Jérôme, la pyramide humaine qui figure à l'arrière de tous les albums.

WILLY VANDERSTEEN
[1913-1990]

Dessinateur et scénariste, Willy Vandersteen s'inspire de Hergé et de Bob De Moor. Son style est clair et lisible. Les aventures de Bob et Bobette paraissent pour la première fois en 1945 dans *De nieuwe Standaard*, sous le titre de *Rikki en Wiske*, devenu quelque temps après *Suske en Wiske* (version flamande de Bob et Bobette).

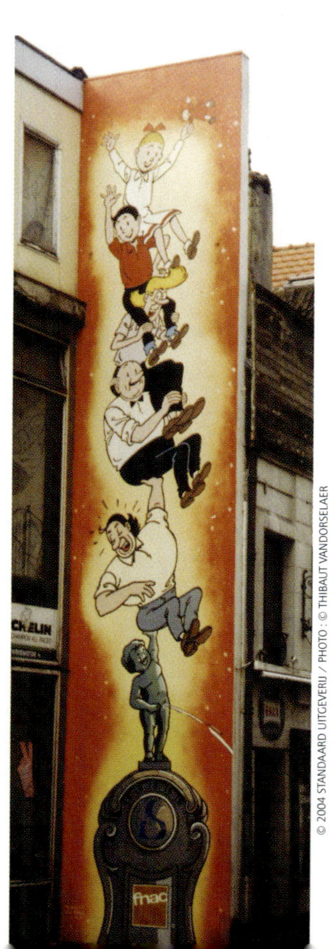

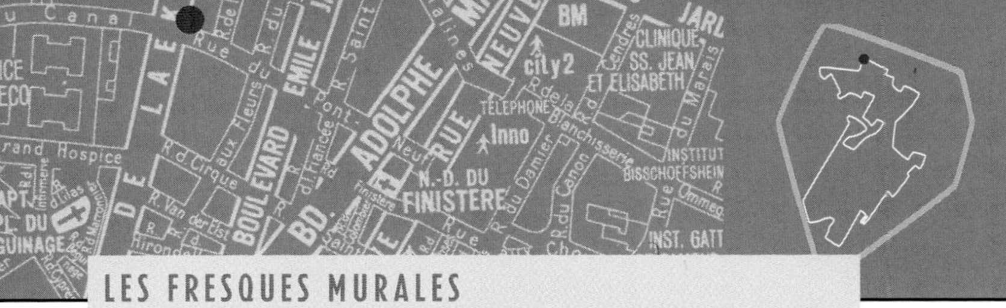

LES FRESQUES MURALES

L'asbl Art Mural a réalisé toutes les fresques d'après les originaux des dessinateurs.

Techniques : elles dépendent du mur choisi (état général, format...) et du type d'œuvre à reproduire. Néanmoins, on peut considérer que le processus habituel passe par les cinq étapes suivantes :

1. Grattage, enlèvement des parties non adhérentes du support et traitement des ferrures éventuelles

2. Cimentage et/ou enduisage

3. Fixateur de fond et entoilage

4. Techniques d'agrandissement des œuvres :

- chaque dessinateur propose un projet à échelle

- le projet est scanné et le trait noir mis au format réel

- transfert sur poncifs (bandes de papier kraft de 90 x 350 cm)

- rectification, contrôle des raccords, perçage des poncifs

- pose et assemblage sur le mur, transfert du dessin

5. Réalisation de l'œuvre à l'aide de peintures acryliques pour l'extérieur.

Choix des murs et des dessinateurs : Art Mural n'intervient qu'à titre consultatif. Les murs sont sélectionnés par la Ville de Bruxelles en fonction de six critères principaux :

- pignons non reconstructibles ni démolissables

- situation dans Bruxelles

- emplacement des pignons déjà décorés

- expertise et études techniques de Art Mural

- viabilité du projet

- disponibilités financières

Les auteurs sont choisis collégialement par la Ville de Bruxelles et le CBBD. Dans ce choix entrent en ligne de compte plusieurs critères non exclusifs :

- auteurs belges ayant un intérêt particulier pour Bruxelles

- célébrités nationales ou internationales

- importance dans l'histoire passée ou présente de la bande dessinée

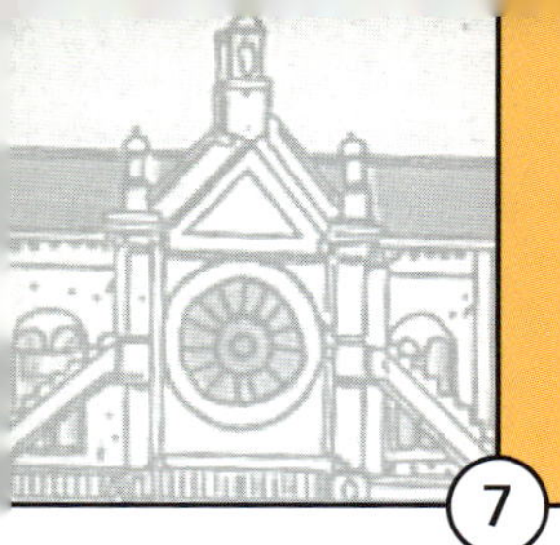

7

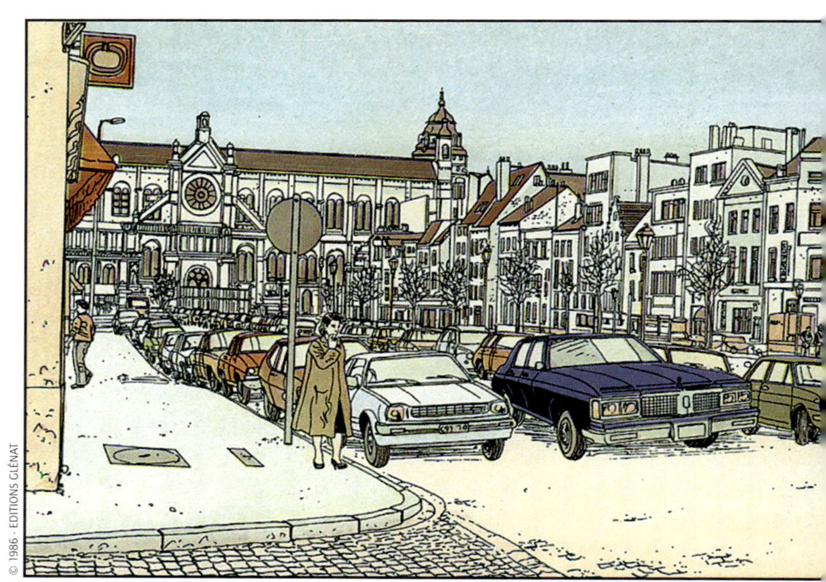

Jaunes : Le transfert slave, BUCQUOY - TITO

Sur votre gauche, vous avez vue sur l'église Sainte-Catherine, érigée par l'architecte Poelaert en 1854. Elle domine les anciens quais et le Marché aux Poissons. Les quais avaient été affectés à des marchandises déterminées, ce dont témoignent les noms des avenues actuelles : le quai aux Briques et le quai au Bois à Brûler. En 1882, cette zone marchande se vit partiellement comblée. Le nouveau Marché aux Poissons lui succéda et subsista jusqu'en 1952. Les restaurants et écaillers du quartier rappellent cette tradition maritime.

Dans *Le transfert slave*, Daniel Jaunes, inspecteur de la police judiciaire démis de ses fonctions, est appelé par le chef de la BSR pour une mission spéciale. Pour se rendre au poste de police, il passe par les quais du Marché aux Poissons, d'ailleurs fidèlement représentés. Dans le cadre de sa mission, il doit remplacer Karol Chaumski, président de

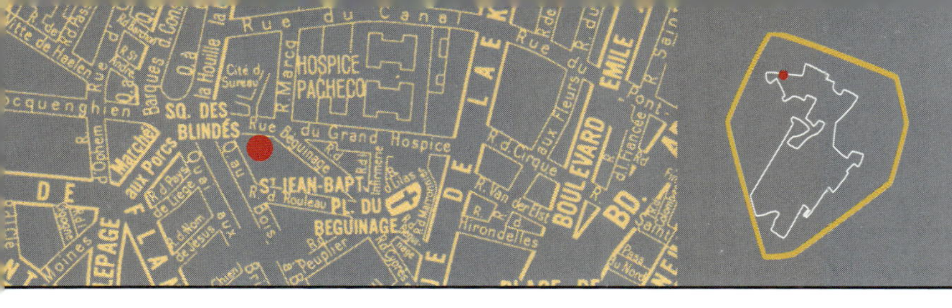

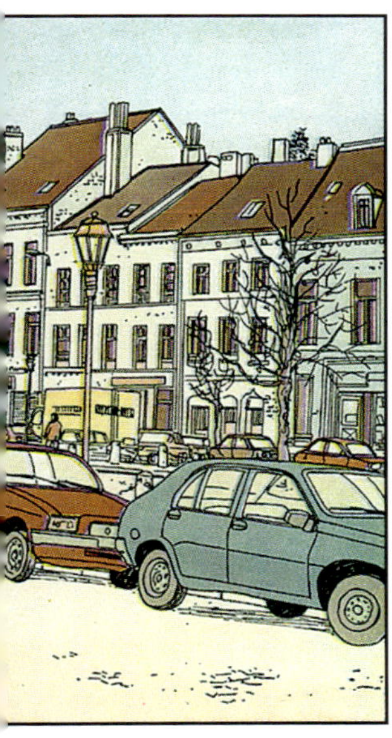

l'Union tchécoslovaque de la Jeunesse, car le Tchèque et lui se ressemblent étrangement. Ce dernier doit se rendre à l'Université Libre de Bruxelles et y donner une série de conférences sur le marxisme-léninisme. Il veut profiter de l'occasion pour demander l'asile politique à la Belgique. Finalement, Daniel Jaunes sera emmené et enfermé à Prague par les autorités tchèques, persuadées qu'il est leur compatriote. Daniel pourra rejoindre Bruxelles en train grâce à l'aide du père de Karol Chaumski.

JAN BUCQUOY
[1945]

Scénariste, Bucquoy écrit un roman et des pièces de théâtre avant de se lancer dans la bande dessinée. En 1980, il réalise avec Tito la série *Jaunes*, suivie trois ans plus tard par *Les aventures de Gérard Craan*, en collaboration avec Jacques Santi. À travers ses divers scénarios, il aborde des thèmes sensibles comme le fascisme ou le terrorisme.

TITO
[1957]

Dessinateur et scénariste, Tito étudie les arts graphiques en France. En 1980, il dessine la série *Jaunes* à partir du scénario de Bucquoy. Il poursuivra son œuvre avec *Soledad* et *Virginie*. Tito est un créateur réaliste, qui utilise la photographie de manière documentaire. Il réalise aujourd'hui ses propres scénarios.

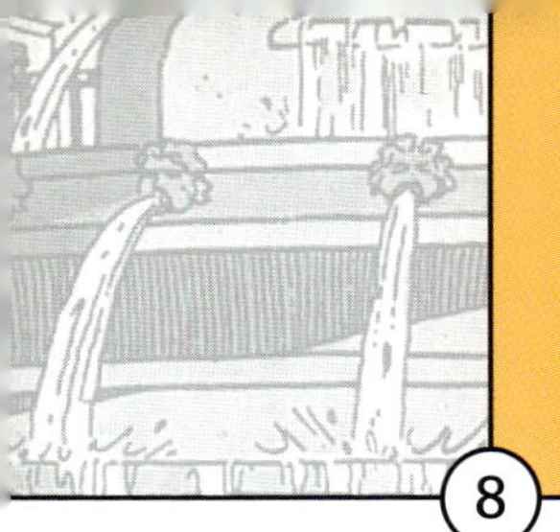

Elle est décorée d'un saint Michel en bronze et mesure 20 mètres de haut.

À l'origine, elle trônait au centre de la place De Brouckère (voir aussi point 15, deux autres illustrations). Plus tard, comme elle gênait la circulation de ce grand axe, elle fut déplacée et installée en 1975 au quai aux Briques, à côté de la place Sainte-Catherine.

L'intrigue de *Couleur Café* se déroule au XIXe siècle, dans le monde de notre bourgeoisie commerçante, en relation avec le Congo belge. Le héros, Lloyd, est un dandy énigmatique qui cherche à démanteler un trafic d'armes. On le voit devant la fontaine, encore située place De Brouckère. Cette dernière ne figure qu'en toile de fond.

PHILIPPE BERTHET
[1956]

Scénariste et dessinateur, Philippe Berthet voit publier ses premières planches en 1978 dans le cadre d'un ouvrage collectif, *Le 9ème rêve*, qui rassemble les travaux de fin d'études des élèves de l'Institut Saint-Luc de Bruxelles. Il fait une entrée remarquée au journal *Spirou*, dans lequel il dessine *Couleur Café* sur base d'un scénario d'Antoine Andrieu, en 1980.

ANTOINE ANDRIEU
[1954]

Scénariste, Antoine Andrieu est surtout connu pour son récit *Couleur Café*. En 1983, il réalise une autre histoire pour un journal illustré. Elle sortira en album un an plus tard aux éditions *Ice Crim's*.

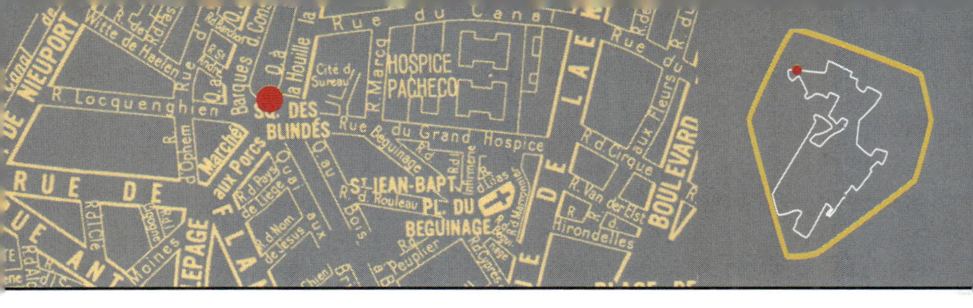

Couleur Café, Philippe BERTHET

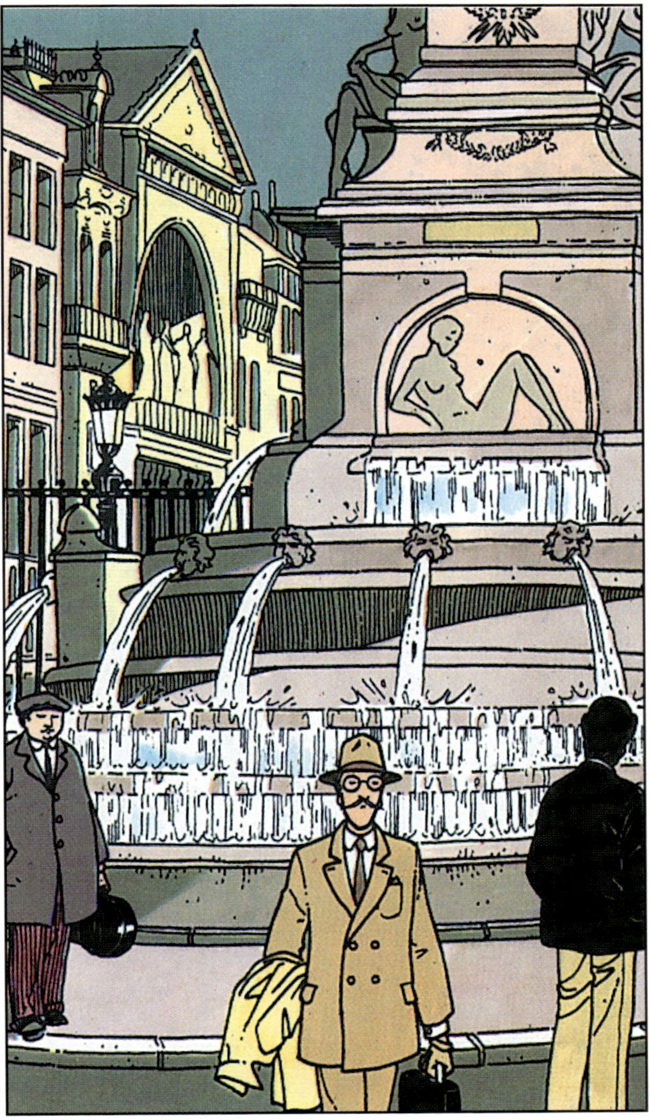

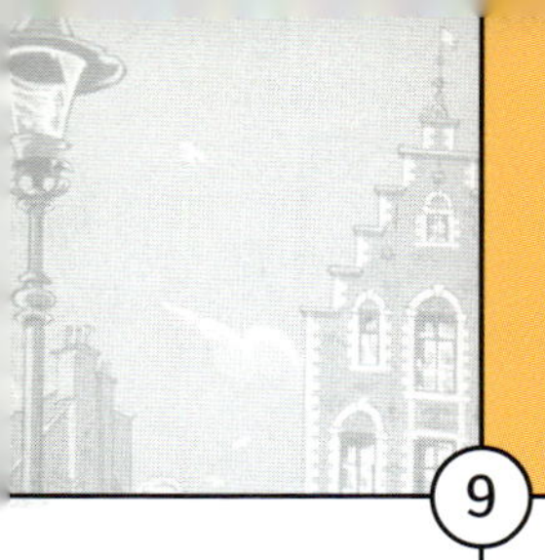

9

Sur votre droite, vous pouvez admirez la fresque de *Billy the Cat,* de Colman et Desberg. Cette aventure dévoile la vie d'un petit garçon qui, après un accident mortel, est renvoyé sur terre transformé en chaton en guise de punition pour sa méchanceté passée. Alors qu'il se résigne peu à peu à sa nouvelle vie, il découvre que sa petite sœur est menacée par des voyous. Il tentera tout pour l'aider. Cette fresque met en scène Billy the Cat, vagabondant dans les rues de Bruxelles.

STEPHEN DESBERG
[1954]

Scénariste, Stephen Desberg débute comme assistant de Maurice Tillieux pour plusieurs albums de *Tif et Tondu*. Il collabore ensuite à de nombreuses séries chez Dupuis avec, entre autres, Will, Maltaite, Desorgher et Colman. En 1992, il scénarise pour Johan de Moor les premières aventures de *La vache*. L'album édité chez Casterman sera primé à Angoulême. Stephen Desberg signe également *La 27ème lettre* et *Le jardin des désirs* avec Will, *L'étoile du désert* et *Le scorpion* avec Marini, *Tosca* avec Vallès, *Les immortels* pour Reculé, etc.

STÉPHANE COLMAN
[1961]

Dessinateur, Stéphane Colman crée les premières aventures de *Billy the Cat* sur un scénario de Stephen Desberg en 1979 pour le journal *Spirou*. Ils rééditeront leur collaboration pour le même journal en 1987. En 1990, les aventures de Billy the Cat ont été publiées en album aux Éditions Dupuis. Il signe également *White le choc !* en 1983 et *Radical Café* en 1984 aux Éditions Magic Strip.

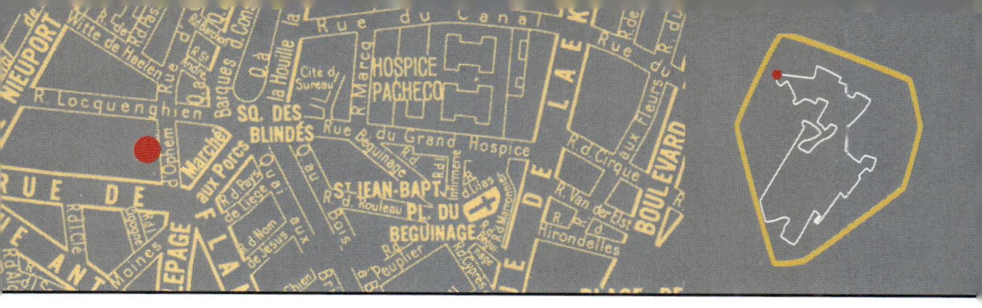

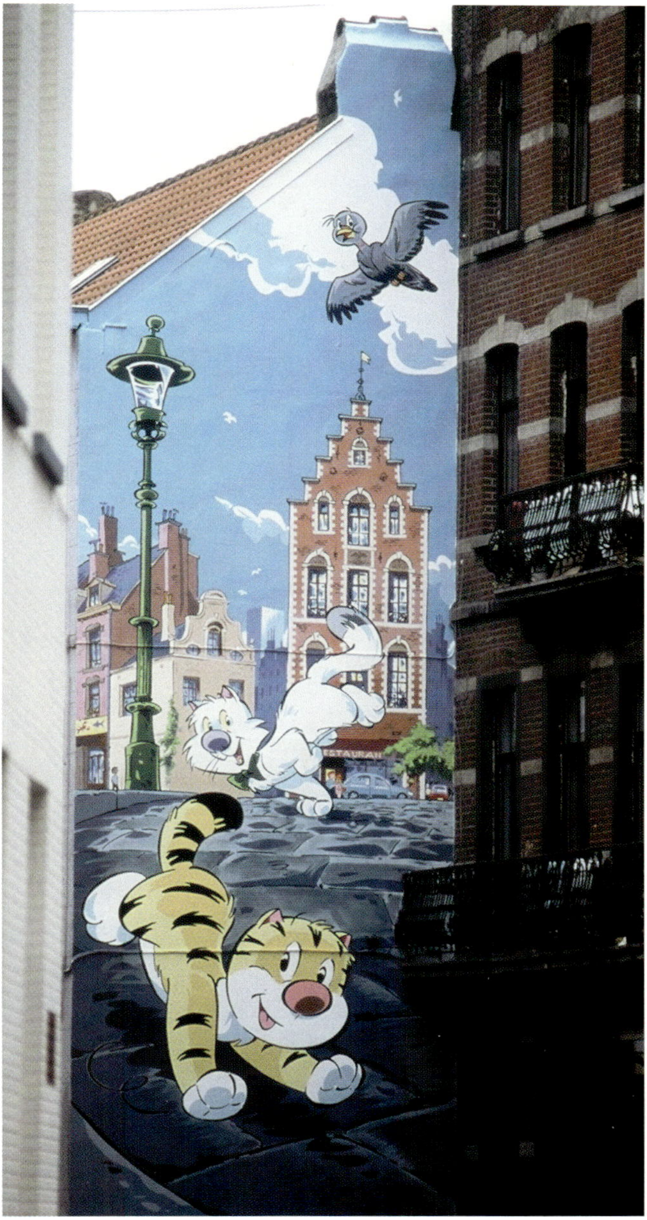

NIEUPORT
RUE DE
R Locquenghien
R de d'Ophem
SQ. DES
BLINDÉS
Rue du Canal
HOSPICE
PACHECO
Rue du Grand Hospice
St JEAN-BAPT
PL. DU
BÉGUINAGE
BOULEVARD
DE LAEK
PLACE DE

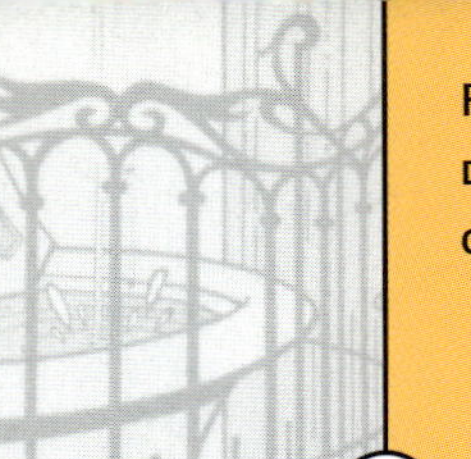

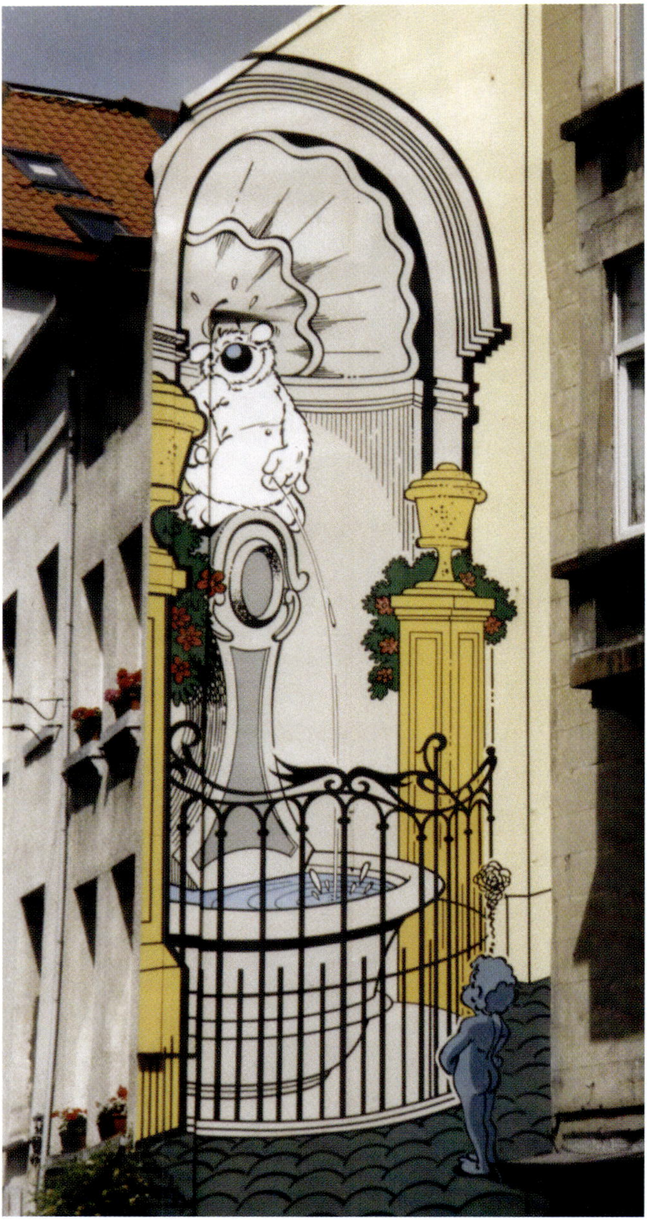

DUPA © LE LOMBARD (N.V. DARGAUD-LOMBARD S.A.) - 2004 / PHOTO : © THIBAUT VANDORSELAER

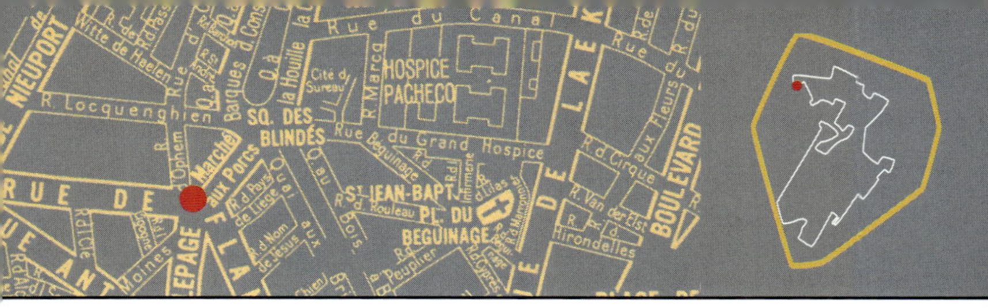

Derrière vous, dans la rue de Flandre, la fresque de *Cubitus*, de Dupa.

Cubitus y prend la place de Manneken-Pis dans son cadre de la rue de l'Étuve. Manneken-Pis, lui, joue le rôle du touriste et observe la scène en râlant.

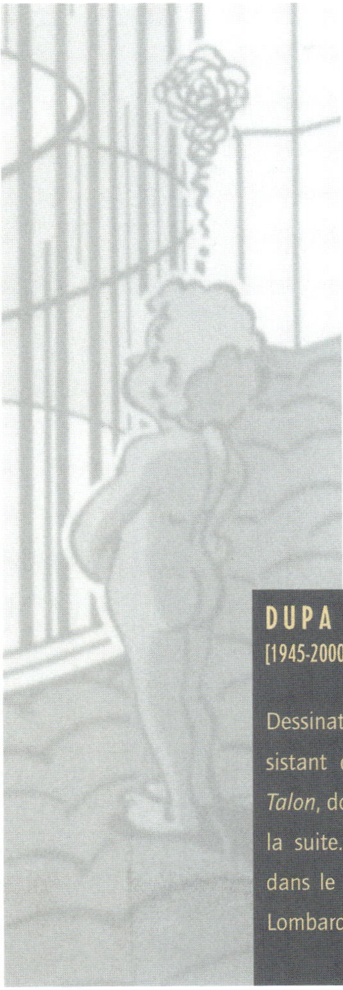

DUPA
[1945-2000]

Dessinateur et scénariste, Dupa fut l'assistant de Greg, le créateur d'*Achille Talon*, dont il s'est fortement inspiré par la suite. Cubitus est apparu en 1968 dans le journal *Tintin*, aux Éditions du Lombard.

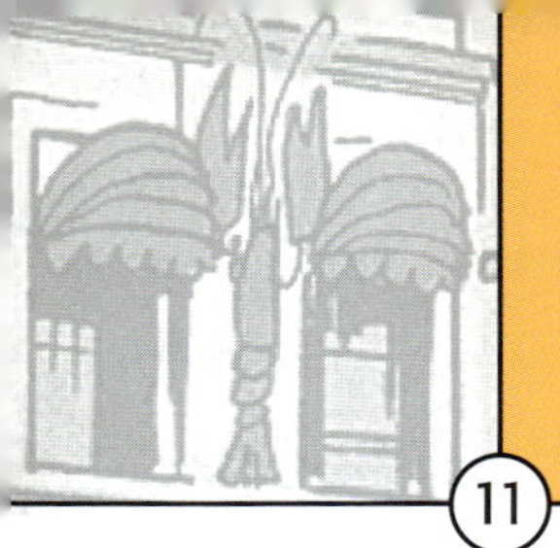

Vous vous trouvez au cœur de l'ancien Marché aux Poissons. Sur votre droite, avant l'église, vous apercevez les restaurants « Rugbyman 1 » et « 2 » et « François ».

Dans *De zwarte toren*, on voit le détective Van Zwam à la recherche de Néron au Marché aux Poissons. Au cours d'une promenade en ville, ce dernier aperçoit une magnifique jeune femme blonde. Il la suit et se fait assommer à côté de la Tour Noire, derrière l'église Sainte-Catherine (voir prochain point d'arrêt). Sa famille, ses amis, le détective et le cambrioleur Ricardo se mettent à sa recherche. Après de nombreuses aventures, son fils le retrouve dans une salle secrète de la Tour.

Cette vue traduit bien l'ambiance du quartier. La vignette est toutefois simplifiée. Elle ne tient pas compte, par exemple, des deux autres établissements situés entre les restaurants « Rugbyman ». Marc Sleen glisse une touche humoristique, en dessinant au-dessus du « Rugbyman 2 » une enseigne « Rugbyman 3 4 5 6 7 etc. ».

De avonturen van Nero : De zwarte toren, Marc SLEEN

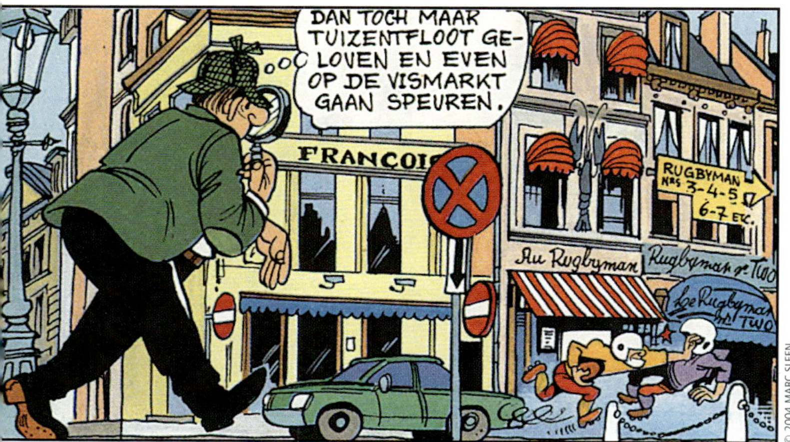

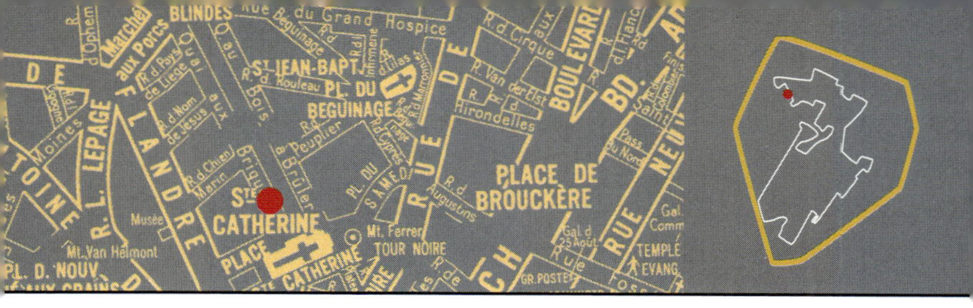

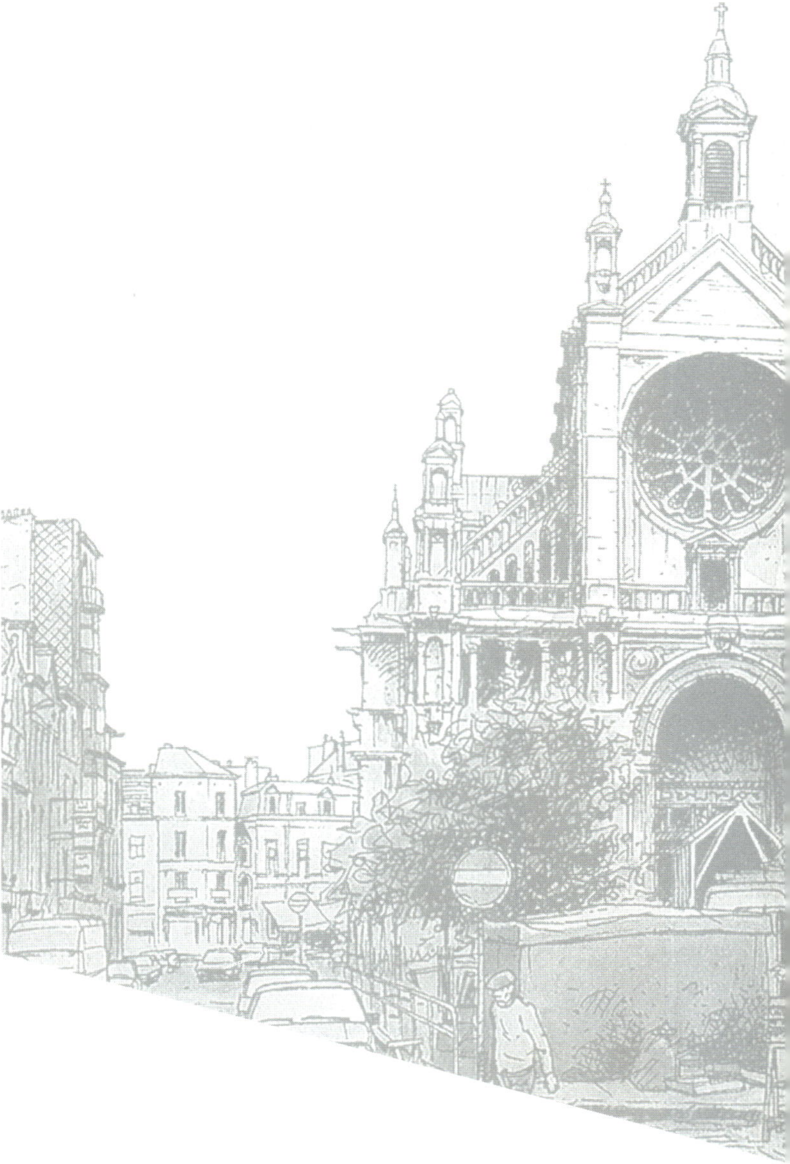

L'ÉTAT MORBIDE, LA MAISON-DIEU – HULET © 1987 – EDITIONS GLÉNAT

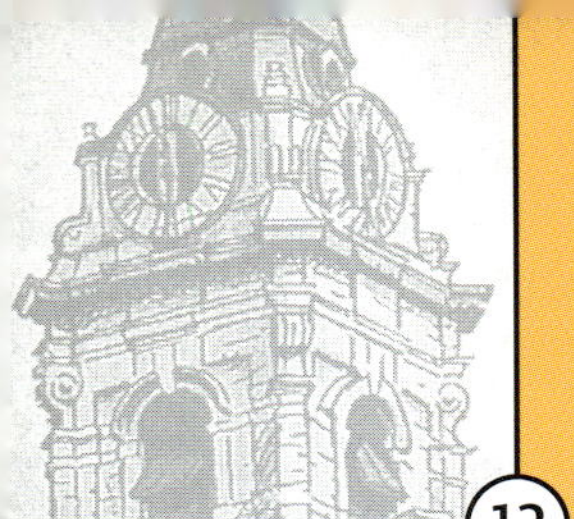

(12)

De la place, vous pouvez observer la façade principale de l'église Sainte-Catherine et à sa droite, la tour, dernier vestige de l'ancienne église, adossée au rempart de la ville.

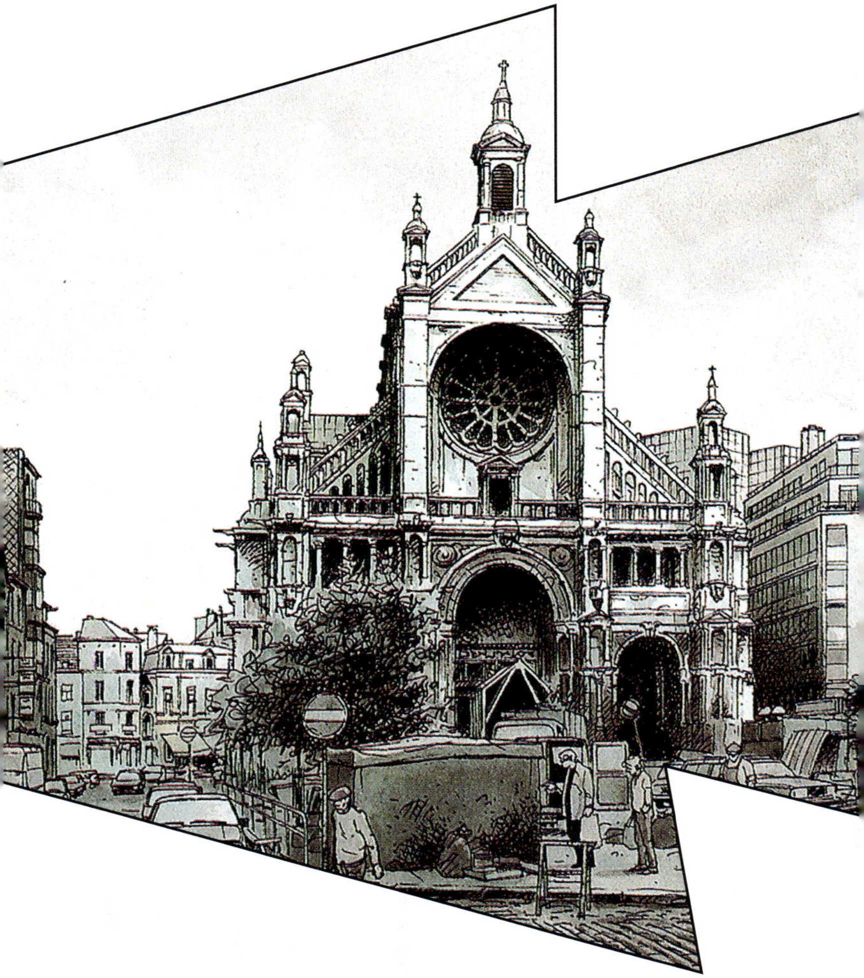

L'État morbide - Acte Premier : La Maison-Dieu, Daniel HULET

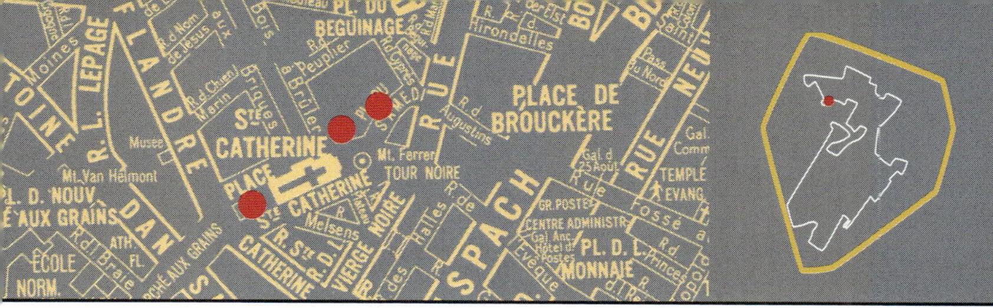

Le quartier Sainte-Catherine est le lieu d'action de la trilogie *L'État morbide*, de Daniel Hulet. Le héros, Charles Haegeman, un jeune punk dessinateur de BD, prend possession d'un appartement dont le dernier locataire est mort de manière mystérieuse. C'est finalement l'appartement qui prend peu à peu possession de lui. Les situations inquiétantes se multiplient, amplifiées par l'utilisation de couleurs sombres et angoissantes. Daniel Hulet nous entraîne ainsi dans une descente aux enfers vers le pays des ombres, en plein cœur de la ville moderne. Notons qu'il reproduit avec une grande précision les bâtiments du quartier et leur environnement.

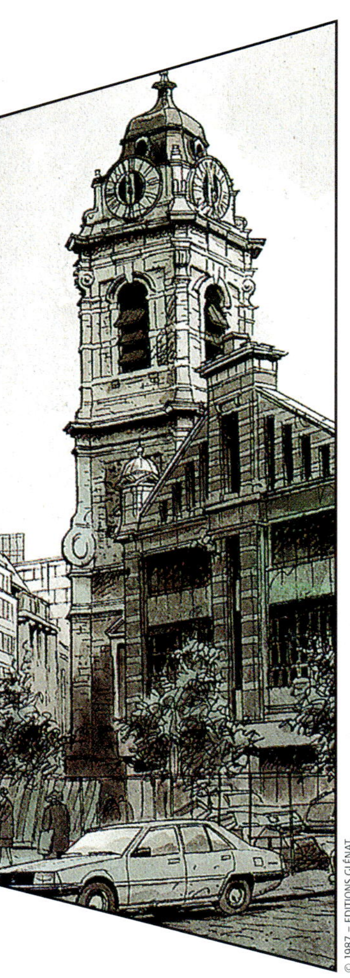

© 1987 – EDITIONS GLÉNAT

DANIEL HULET
[1947]

Dessinateur et scénariste, Daniel Hulet débute dans la publicité avant de se tourner vers la BD. Il crée *Charabia* pour le journal *Tintin* dans un style humoristique, avant d'adopter un style plus réaliste. En 1987, il dessine le premier volet de *L'État morbide* (trois volumes) à partir de ses propres scénarios aux Éditions Glénat. Il fera connaître son talent grâce aux séries *Pharaon* et *Les Chemins de la Gloire*.

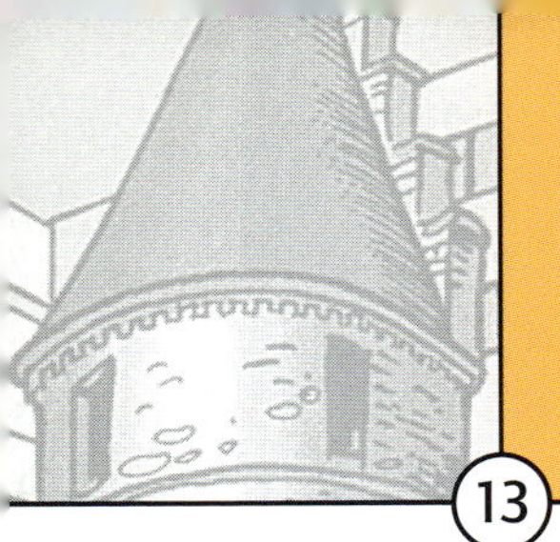

Sur votre droite s'élève la Tour Noire, tristement enclavée dans les murs du Novotel. Elle fait partie de la première enceinte de la ville, construite au XIIIe siècle.

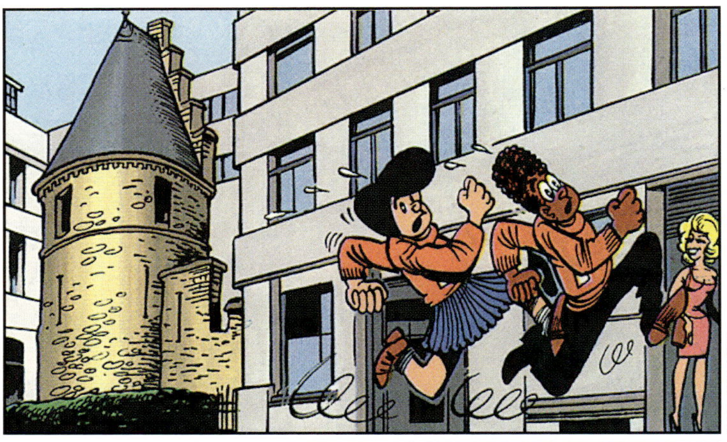

De avonturen van Nero : De zwarte toren, Marc SLEEN

Cette vignette montre la Tour Noire et, à sa droite, Petoetje et Petatje qui s'enfuient, ainsi que la mystérieuse femme blonde dont s'est épris Néron.

14

Sur cette case d'introduction, le héros, Charles Haegeman, arrive dans le quartier Sainte-Catherine où il aperçoit un appartement à louer. Les couleurs utilisées pour cette vue de l'église traduisent d'emblée l'ambiance angoissante que veut transmettre Daniel Hulet.

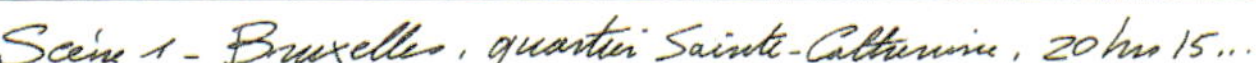

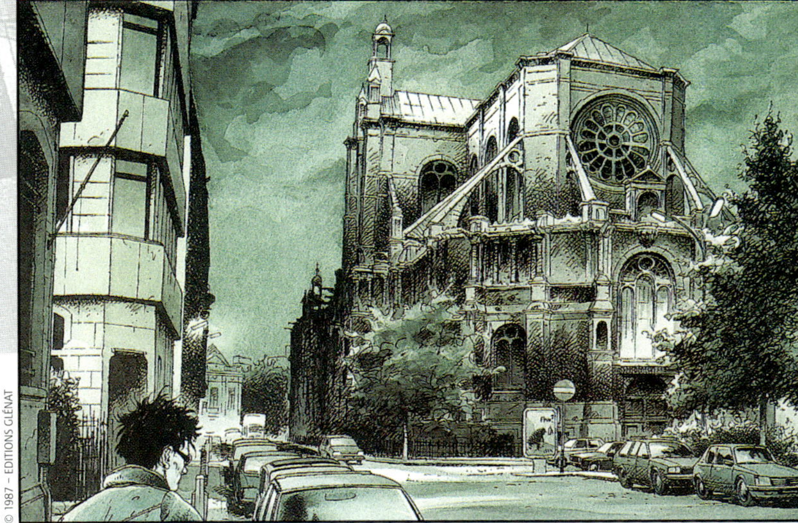

L'État morbide - Acte Premier : La Maison-Dieu, Daniel HULET

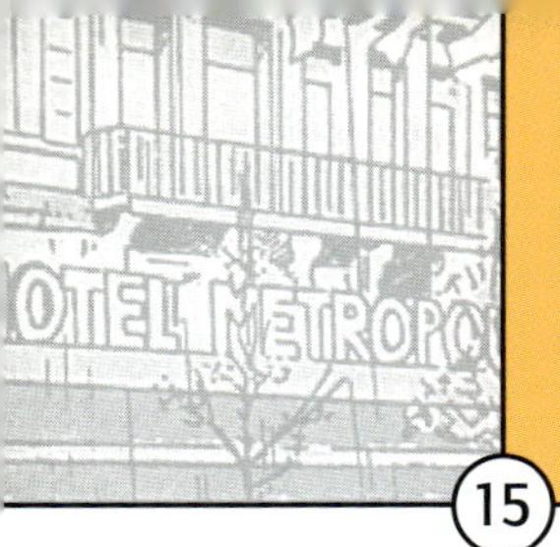

15

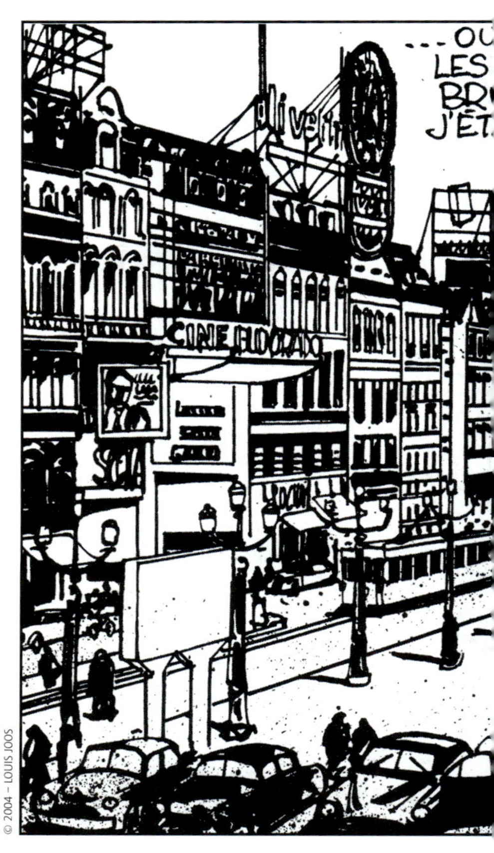

Vous arrivez place De Brouckère, très souvent représentée dans les bandes dessinées.

Le héros de *Ostende-Miami*, Monsieur Lambert, vit dans le centre de Bruxelles. Il passe par la place De Brouckère pour rentrer chez lui et se prépare à se rendre à un concert de jazz donné par son idole au casino d'Ostende ; de là, un enchaînement d'événements inattendus l'emmèneront jusqu'à Miami. La place est représentée sous la forme qu'elle avait dans les années 50, ornée de la fontaine Anspach (actuellement

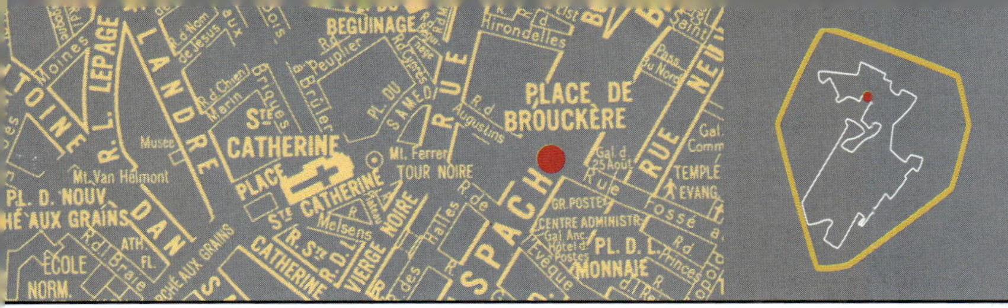

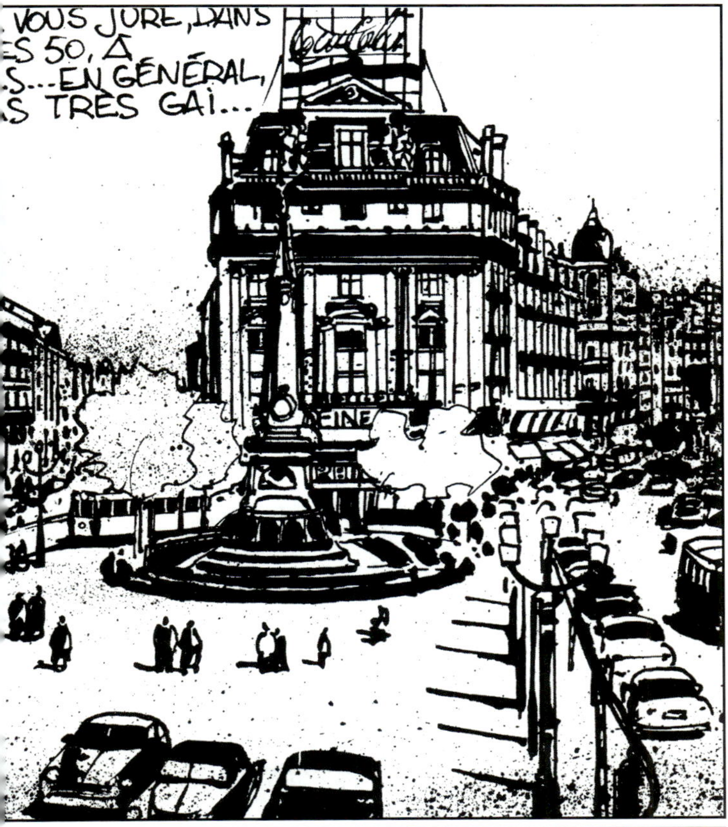

Ostende-Miami, JOOS et ANDRIEU

quai aux Briques). On notera ici que différents aménagements ont été réalisés depuis : la place centrale, bordée de lampadaires, servait de parking et de piétonnier, les tramways circulaient... On remarquera également les vues dégagées des axes routiers situés de part et d'autre de la fontaine Anspach (à gauche, le boulevard Émile Jacqmain, à droite, le boulevard Adolphe Max) ; elles sont aujourd'hui obstruées par les bureaux du quartier Nord, l'hôtel Sheraton et la tour Mercedes. L'enseigne Coca-Cola y figure toutefois déjà.

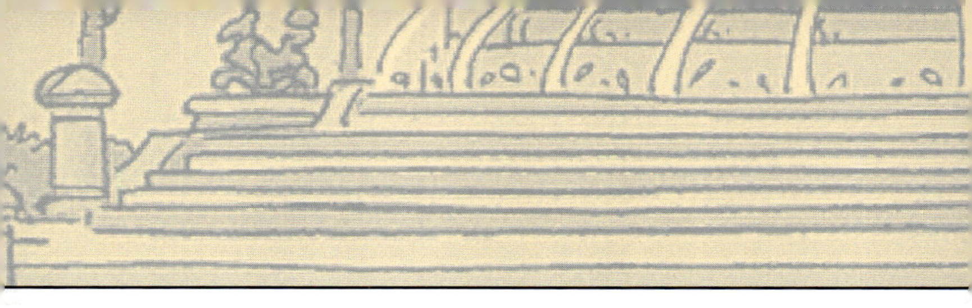

LOUIS JOOS
[1940]

Dessinateur et scénariste, Joos publie son premier album, *Colaxa*, en 1982 chez Futuropolis. *Ostende-Miami*, un récit d'Andrieu, sera d'abord réalisé pour une revue belge avant d'être publié en 1984 sous la forme d'un album. Spécialiste des représentations en noir et blanc, il dessine également en couleur dans des livres pour enfants. Joos enseigne la bande dessinée et l'illustration à l'Académie de Boitsfort, à Bruxelles.

STÉPHANE STEEMAN
[1933]

Humoriste, Stéphane Steeman est un passionné de bande dessinée. Il est actuellement le président de l'association *Les amis d'Hergé*. Il adore se moquer des particularismes belges tels que les problèmes linguistiques et politiques. Dans *Gertrude au pays des Belges*, il véhicule différents messages concernant notamment les problèmes urbanistiques relatifs à Bruxelles, à l'aide de Gertrude, personnage qu'il a créé depuis plus de vingt ans et auquel d'aucuns l'identifient. Elle fut de la *Revue des Galeries* de 1982 à 1992, et dans l'émission « Bon week-end » à la RTBF de 1992 à 1998.

MALIK
[1948]

Dessinateur et scénariste après des études à l'Académie des Beaux-Arts de Bruxelles, Malik publie des histoires dans *Tintin* et *Spirou*. En parallèle, il illustre des récits humoristiques comme *Le plombier* et *Cupidon*. En 1996, il dessine *Gertrude au pays des Belges*, de Stéphane Steeman.

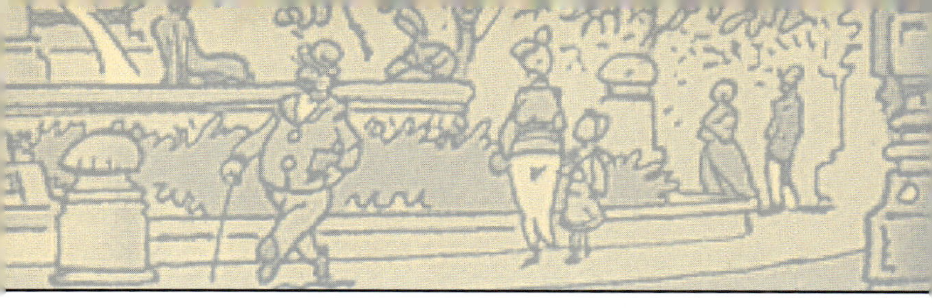

Dans *Gertrude au pays des Belges*, à travers une planche-souvenirs, Stéphane Steeman exprime sa nostalgie du vieux Bruxelles et ses aménagements. Il remonte encore plus loin dans le temps que Louis Joos, puisque l'enseigne publicitaire Coca-Cola ne figure pas encore au-dessus du bâtiment central. Il nous dévoile ainsi la splendeur de ce bâtiment, alors surmonté d'une statue, elle-même remplacée depuis plus d'un demi-siècle par le symbole de l'américanisation.

Gertrude au pays des Belges, STEEMAN et MALIK

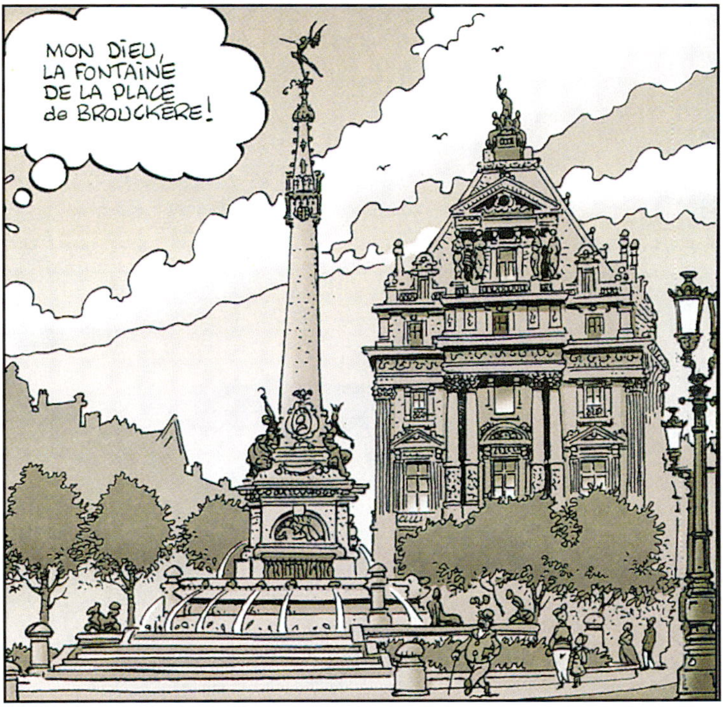

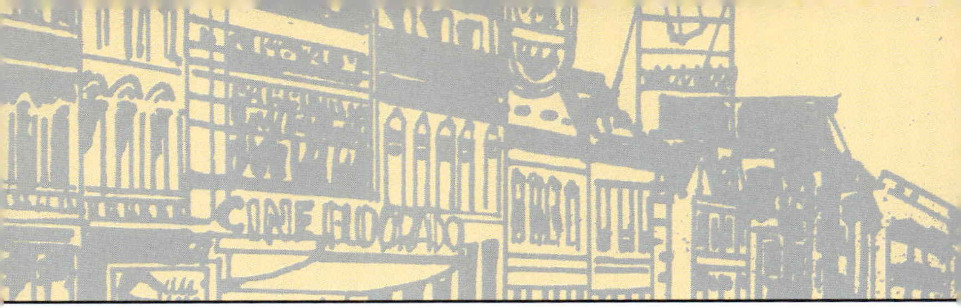

Bruxelles bouillonne met en évidence l'importance de la circulation sur la place De Brouckère. Sur la plupart de ses représentations, le « Métropole » en est l'élément principal : cet hôtel mythique existe depuis plus d'un siècle et a accueilli de nombreuses personnalités.

Dans *Snake*, les deux héros Bob Morane et son ami Bill y séjournent d'ailleurs. Bob Morane enquête sur l'affaire Bénédicité Snake, une jeune Haïtienne qui porte un serpent en collier. Plusieurs personnes meurent suite à des morsures. En arrière-plan, à droite de l'hôtel Métropole, on distingue la Tour Monnaie, qui abrite les services administratifs de la Ville de Bruxelles.

Les aventures de Barelli : Bruxelles bouillonne, Bob DE MOOR

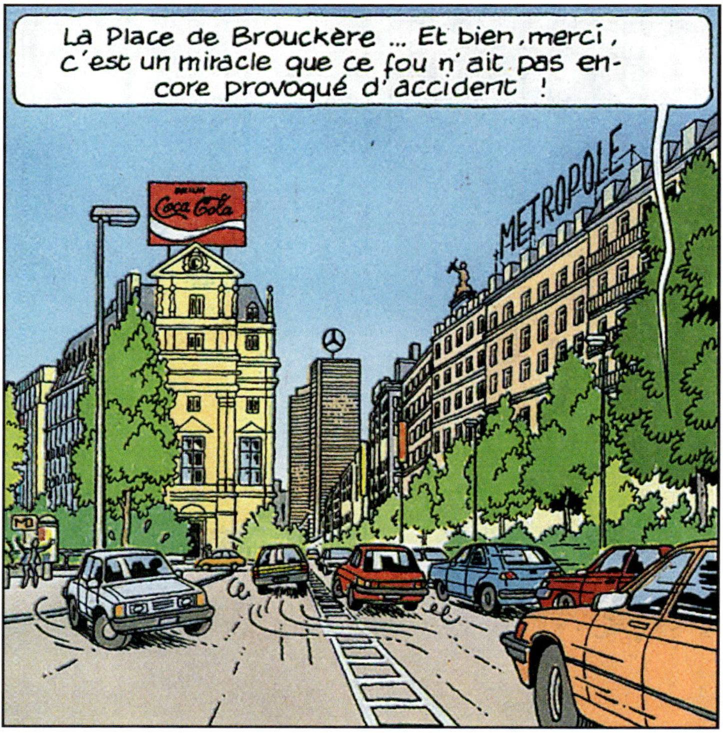

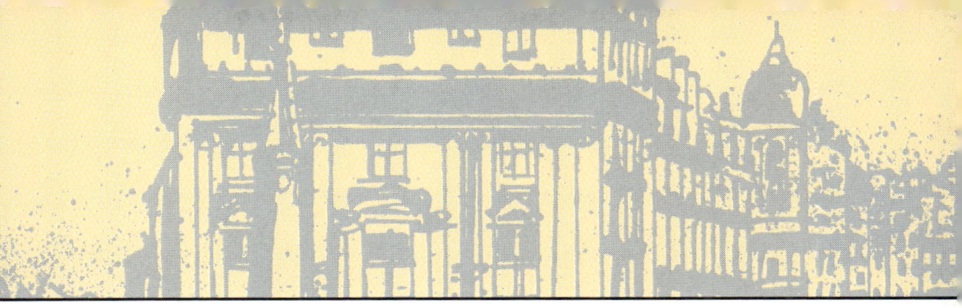

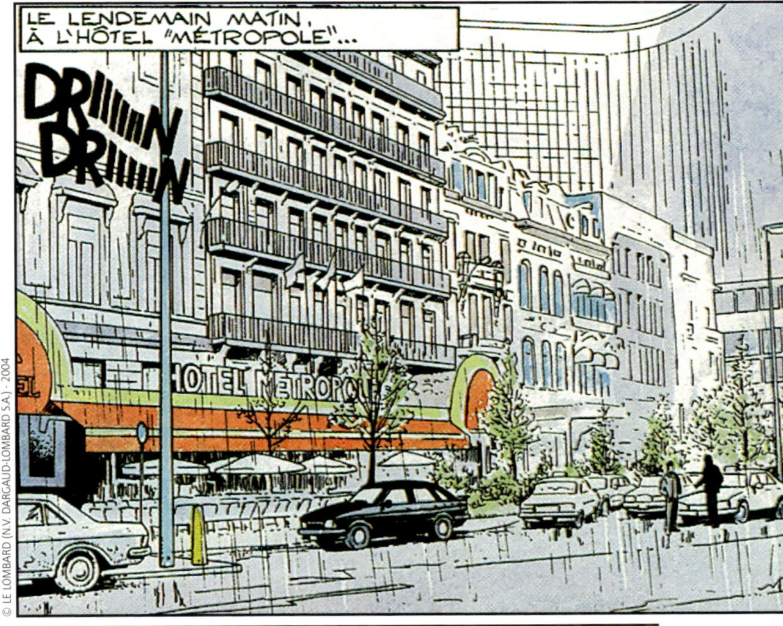

Une aventure de Bob Morane : Snake, CORIA et VERNES

CORIA
[1948]

Espagnol de naissance, le dessinateur Coria est venu s'installer en Belgique suite à la rencontre de sa sœur et du dessinateur William Vance. Coria planchera en tant qu'assistant sur les décors de différents albums, dont *Bob Morane*. En 1979, le scénariste Henri Vernes et William Vance lui confient la réalisation de l'ensemble des dessins. Cette nouvelle collaboration a donné naissance à plus de trente albums des aventures de Bob Morane.

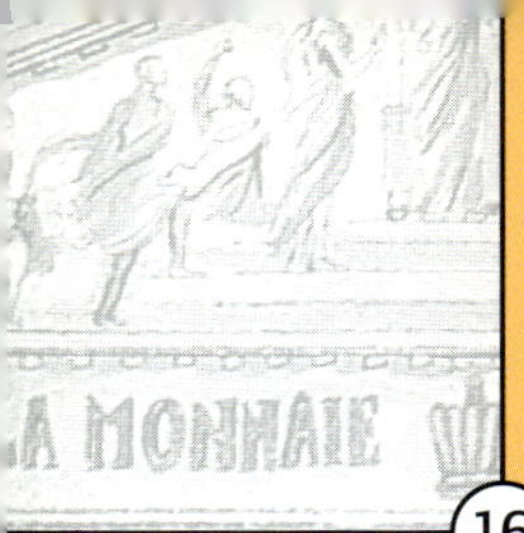

16

Ce théâtre, de style néo-classique, est l'œuvre de Louis Damesme (1817). Suite à un incendie, il fut reconstruit par Joseph Poelaert en 1856. En 1985, le toit du théâtre fut rehaussé de 4 mètres, pour des raisons d'acoustique notamment.

Le Code Zimmerman, l'Opéra de la mort, CARIN - RIVIÈRE - BORILE

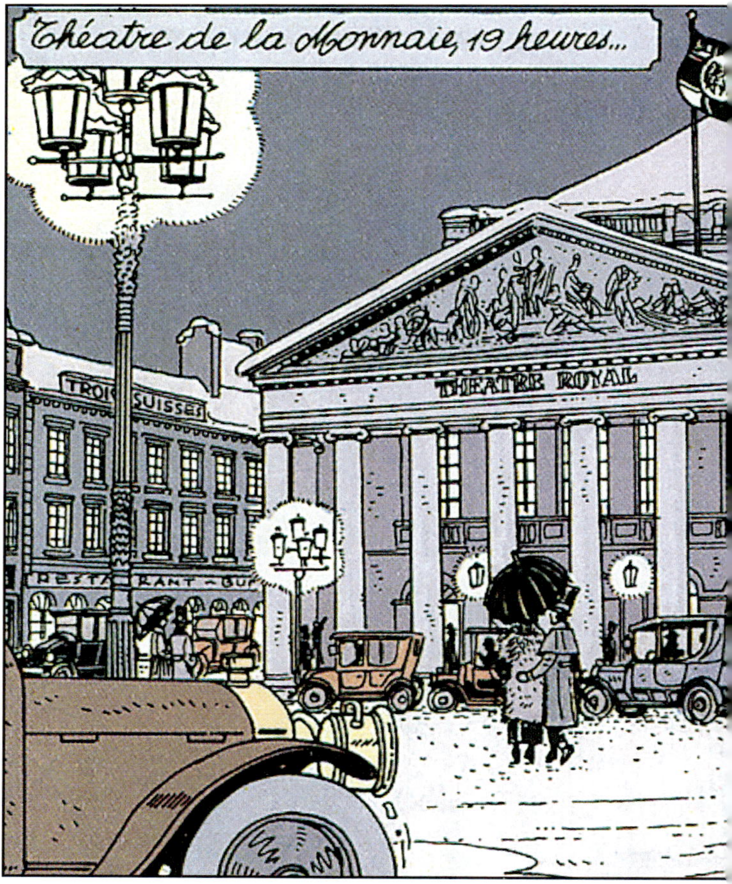

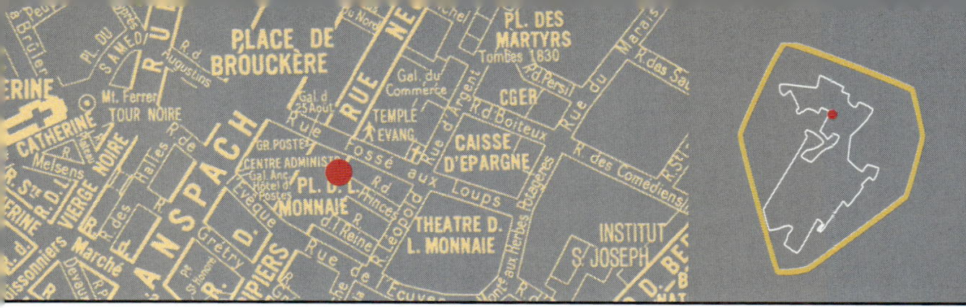

Dans le tome I du *Code Zimmerman*, *L'Opéra de la mort*, Victor Sackville est un agent du roi George V. Il voyage en Europe en 1916 alors que la pression allemande se fait de plus en plus forte. Il se glisse parmi les journalistes et use de ses relations avec l'aristocratie pour remplir les missions secrètes dont il est chargé. Le lieu principal de l'action, le théâtre, est représenté dans son contexte d'époque, la Première Guerre mondiale. On peut y voir des marques de l'occupation allemande. Les décors, somptueux, sont soigneusement reconstitués.

On remarque la présence de lampadaires d'époque, de bâtiments à gauche du théâtre qui ont été remplacés aujourd'hui, et l'accès aux voitures.

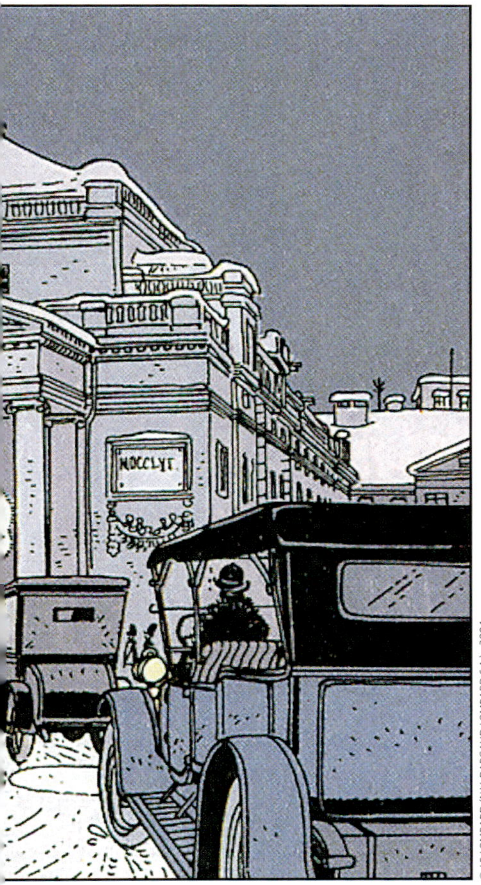

© LE LOMBARD (N.V. DARGAUD-LOMBARD S.A.) - 2004

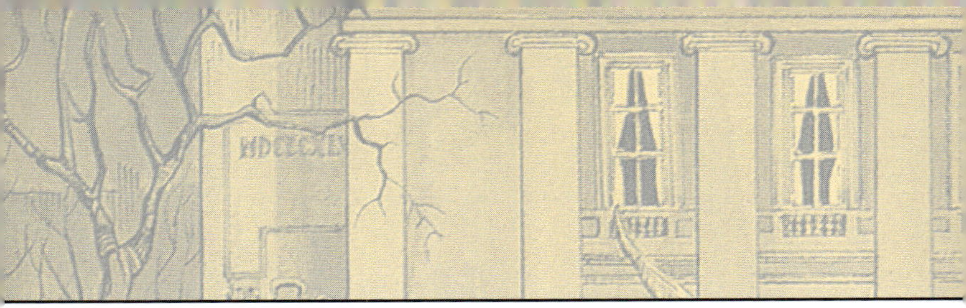

Au Dolle Mol fait partie des aventures de Gérard Craan. Il s'agit de BD de politique-fiction : l'action violente et fantastique se situe dans une Europe fin de siècle dont la carte est entièrement redessinée. Gérard Craan appartient à un groupe d'anarchistes. Le théâtre de la Monnaie est utilisé comme élément de décor : Gérard Craan passe devant après

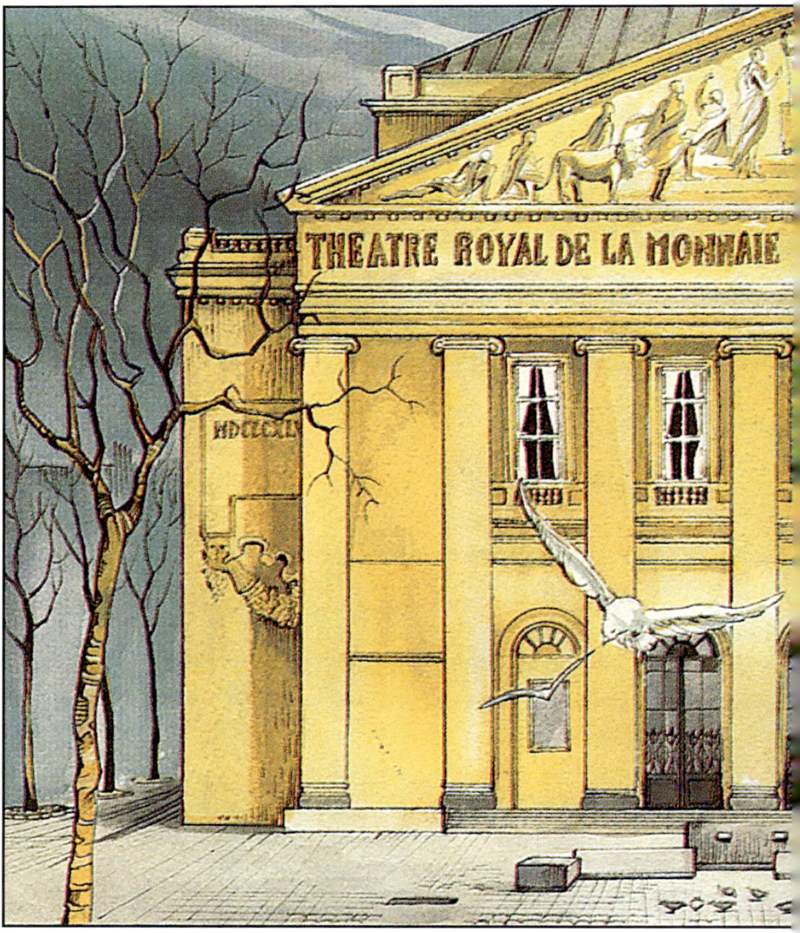

Une aventure de Gérard Craan : Au Dolle Mol, SANTI et BUCQUOY

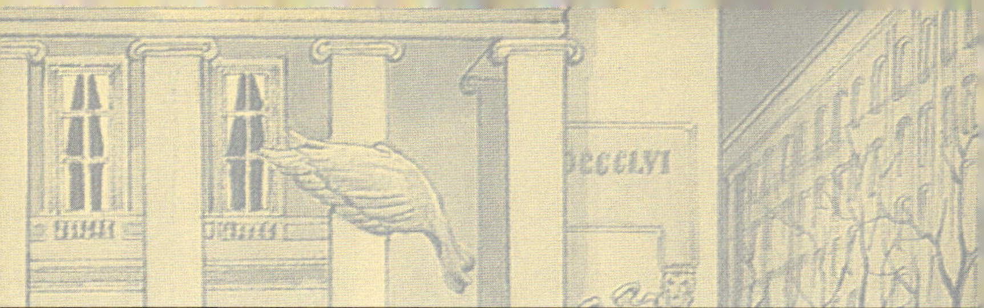

avoir quitté le « Dolle Mol », bistrot de la rue des Éperonniers où il devait rencontrer un agent contact pour sa mission, pour se rendre ensuite à une réception rue Fossé-aux-Loups. Le théâtre de la Monnaie, malgré quelques embellissements (rideaux aux fenêtres…), reste très réaliste.

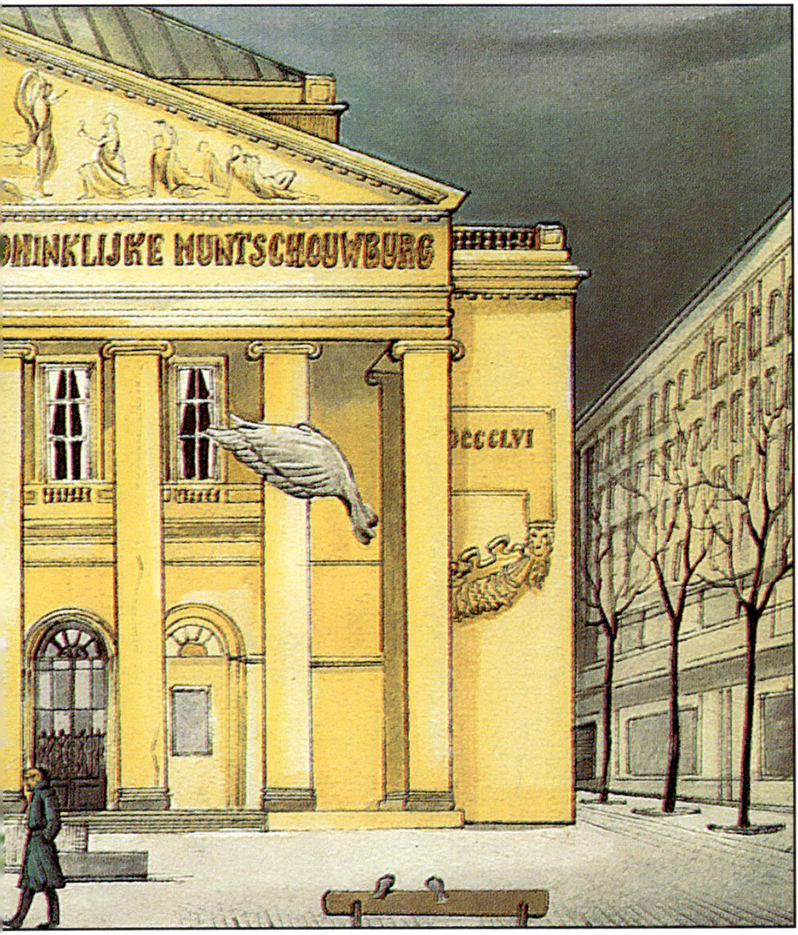

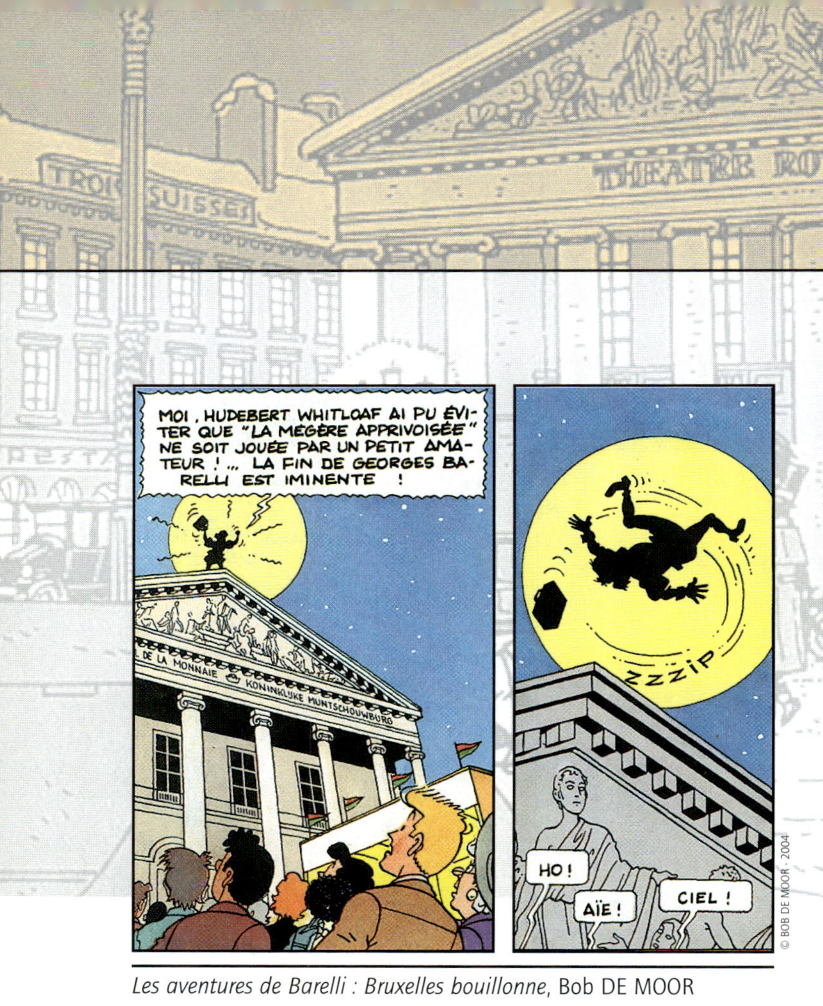

Les aventures de Barelli : Bruxelles bouillonne, Bob DE MOOR

Dans *Bruxelles bouillonne*, Barelli regarde le voleur de son script prêt à tomber du toit du théâtre de la Monnaie. La bande dessinée nous offre une vue très actuelle du théâtre ainsi qu'un beau détail du fronton.

JACQUES SANTI
[1960]

Dessinateur, Santi travaille à de nombreux scénarios de Bucquoy, dont *Les aventures de Gérard Craan* en 1983, et *Chroniques de fin de siècle* de 1985 à 1988.

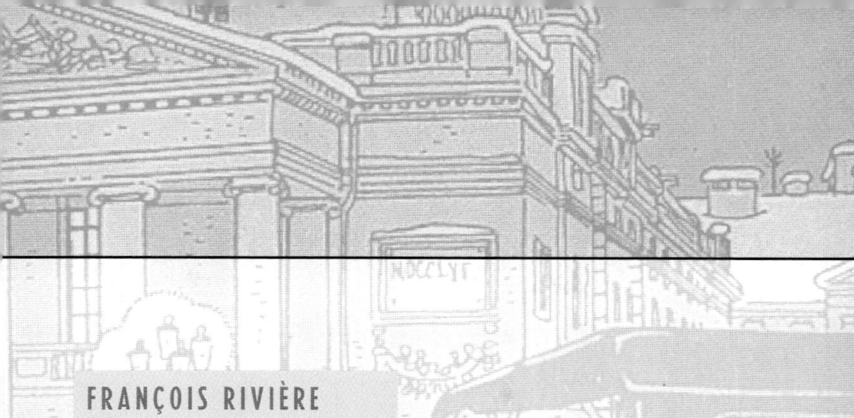

FRANÇOIS RIVIÈRE
[1949]

Scénariste, journaliste et romancier, François Rivière édite en
1976 son premier ouvrage,
consacré à *L'École d'Hergé*. Il scénarise *Thierry Laudacieux*, dessiné par Alain Goffin, pour un
mensuel, en 1981. Deux ans plus
tard, il se lance comme coscéna-
riste dans *le Privé d'Hollywood*,
dessiné par Philippe Berthet. Il
s'associe avec Gabrielle Borile
pour scénariser la série *Victor
Sackville*. François Rivière écrit
également de nombreux romans,
critiques littéraires, essais et bio-
graphies.

FRANCIS CARIN
[1950]

Dessinateur, Francis Carin collabore à
l'élaboration de bandes dessinées
publiées dans les journaux *Spirou* et
Tintin au milieu des années 70. À la
même époque, il réalise également de
nombreuses histoires complètes pour le
journal *Tintin*. En 1983, il se lance dans
l'élaboration de la série *Victor Sackville*,
avec la collaboration de François Rivière
et de Gabrielle Borile pour le scénario.

GABRIELLE BORILE
[1953]

Scénariste, Gabrielle Borile est licenciée en journalisme. Elle travaille d'abord comme traductrice, avant de parcourir les quatre
coins du monde en tant que reporter. En 1983, elle coscénarise les
aventures de *Victor Sackville*. Elle réalise également les scénarios de
la série *Alex Nora* avec Chantal Heuvel, en 1991, et ceux de *Laterna
Magica* deux ans plus tard.

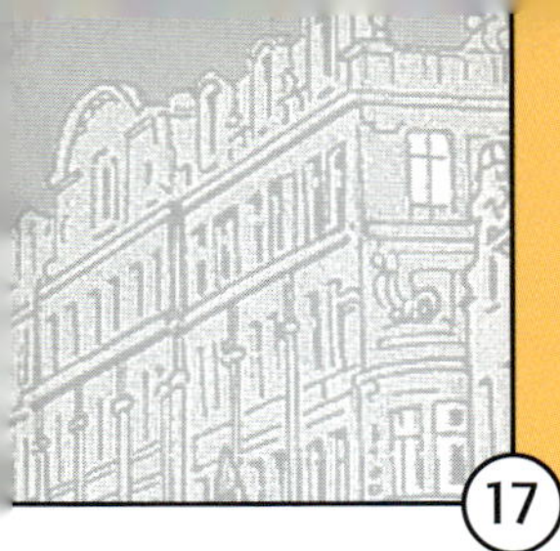

17

Vue de la rue Marché aux Herbes.

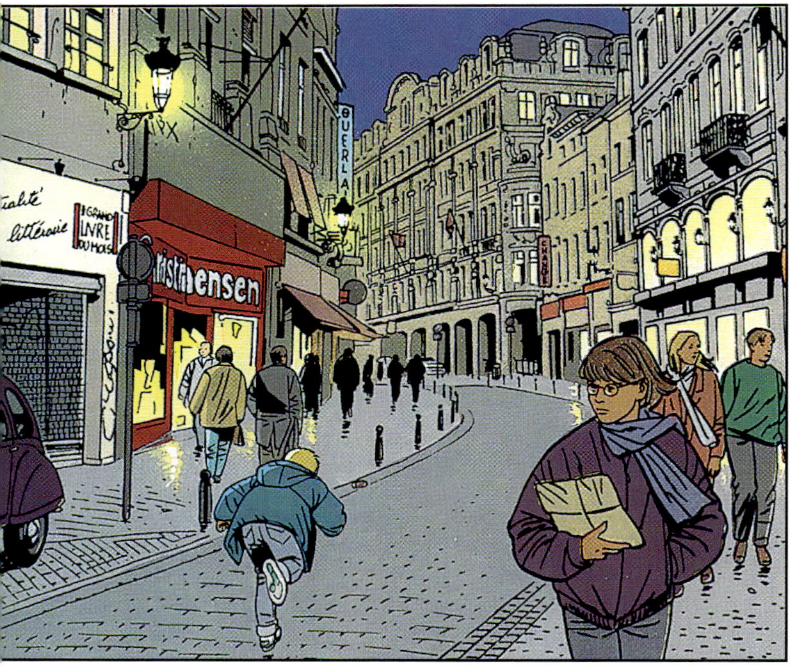

© DUPUIS · 1997

Charly, *Le Tueur*, MAGDA et LAPIÈRE

Notre héros, Charly, est un petit garçon de huit ans, victime de violents cauchemars. Il rêve de gens qui se font tuer et qui l'accusent d'être responsable de leur mort. Mais en regardant le Journal télévisé, sa mère et lui se rendent compte que ses cauchemars sont bien réels. Sa mère décide alors de réagir et de se rendre à Bruxelles afin d'affronter le tueur.

La ville est le cadre de cette histoire. La représentation de la rue Marché aux Herbes est tout à fait conforme à la réalité. Notons cependant que, depuis la sortie de l'album en 1997, Christiaensen a fait place à un autre magasin de jouets.

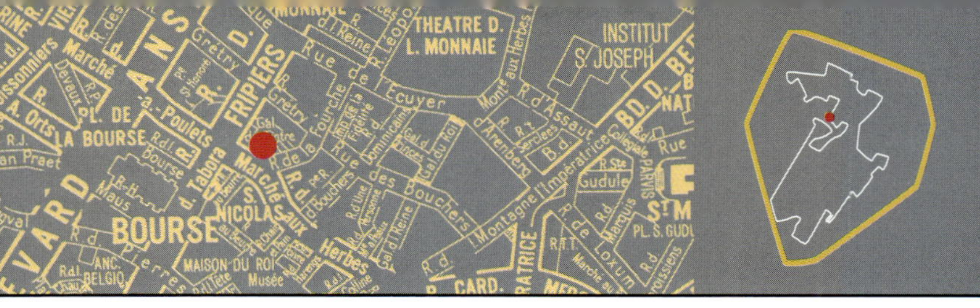

MAGDA
[1956]

Dessinatrice, Magda Seron entre en 1977 aux studios d'Édouard Aidans où elle réalise *Tumak* pour le quotidien *Vers l'avenir*. De son trait fin, elle illustre différentes histoires profondément humaines pour des magazines comme *Tremplin* et *Spirou*. C'est pour ce dernier qu'elle dessine *Charly*, un étrange petit garçon, à partir d'un scénario de Denis Lapière.

DENIS LAPIÈRE
[1958]

Scénariste, Denis Lapière est licencié en sociologie. Il ouvre à Charleroi une librairie spécialisée en bande dessinée, ce qui l'inspirera pour la réalisation de nombreux scénarios. En 1989, il crée *Alice et Léopold* avec Olivier Wozniak pour le journal *Spirou*. Dans cette série, il traite de la cohabitation entre Africains et Européens dans le Congo colonisé des années 20. En 1990, Denis Lapière scénarise *Charly* et, un an plus tard, *Tif et Tondu*. On peut encore citer *La race des seigneurs* et *Luka*, réalisés respectivement en 1995 et 1996.

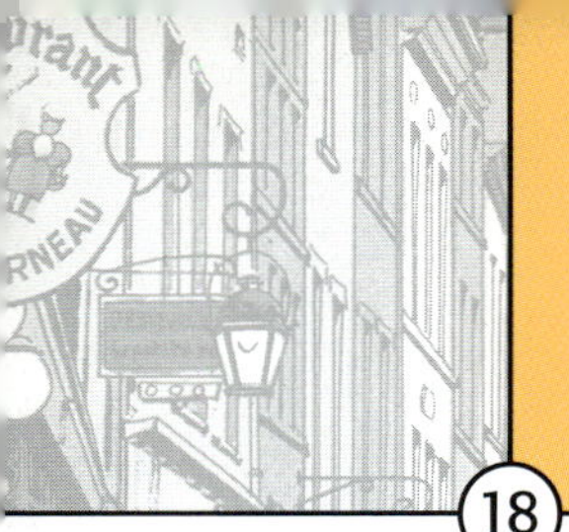

Imaginez Michel Vaillant et les policiers se livrer à une course-poursuite dans les petites rues du centre historique de Bruxelles…

Michel Vaillant et ses amis Steve Warson et Julie Wood se rendent à l'hôtel Amigo, à Bruxelles, pour le gala d'ouverture du Racing show. Ils y sont accueillis par Thierry Boutsen et rencontrent un ancien pilote, Bob Cramer. Mais Julie Wood se fait kidnapper à bord

Michel Vaillant : Racing-Show, Jean GRATON

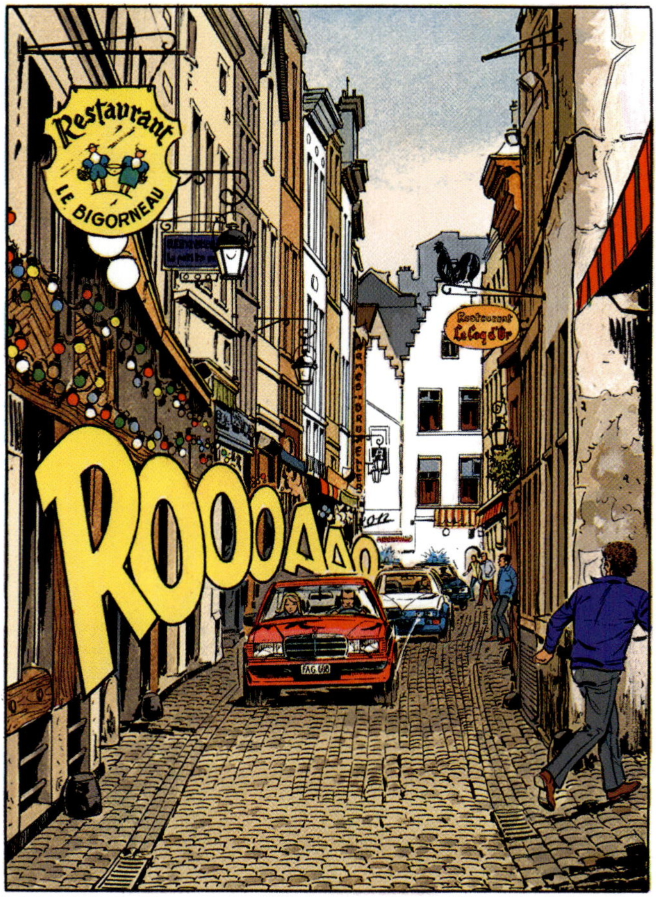

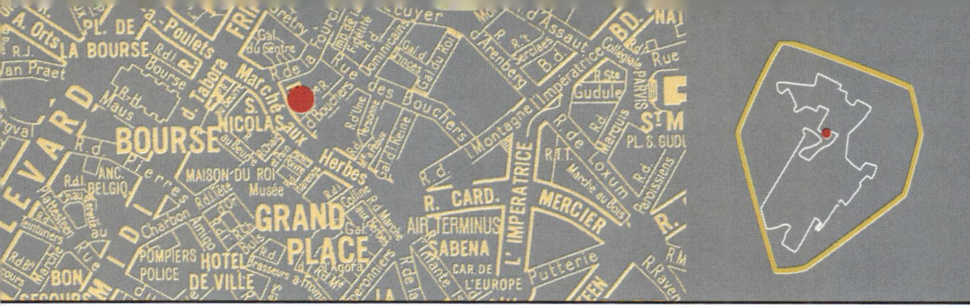

d'une Mercedes rouge conduite par ce dernier. La Mercedes est prise
en chasse par la police de Bruxelles au niveau du Palais de Justice.
Ils passent rue de la Régence, traversent le Sablon et empruntent la
rue du Lombard. Pendant ce temps, Michel Vaillant s'est rendu au
poste de la rue du Marché au Charbon pour demander aux policiers
des nouvelles de son amie. À la sortie, Michel voit passer la
Mercedes qui se dirige vers le boulevard Anspach. À l'aide de sa

Michel Vaillant : Racing-Show, Jean GRATON

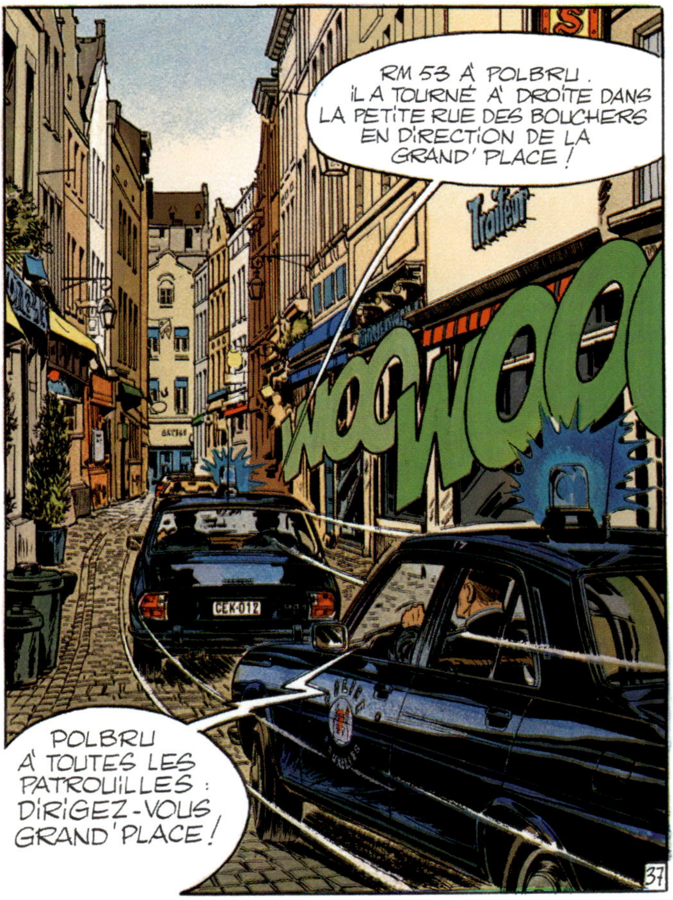

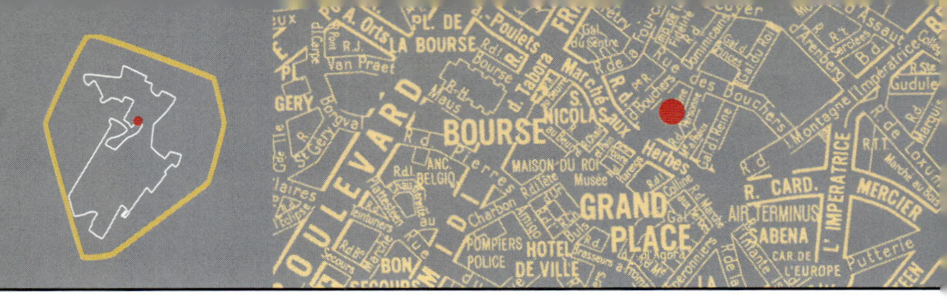

Vaillante, il rattrape la Mercedes au niveau de la Bourse et continue la course-poursuite dans les petites rues du centre historique de Bruxelles (la Petite rue des Bouchers). Michel Vaillant et les policiers finissent par arrêter la Mercedes sur la Grand-Place. Dans cette bande dessinée, Bruxelles est le lieu de l'action, représenté dans ses moindres détails.

JEAN GRATON
[1950]

Dessinateur et scénariste, Jean Graton est français : il est né à Nantes et son père, commissaire au Club motocycliste nantais, l'emmène très jeune aux 24 Heures du Mans. La vie le force très tôt à se débrouiller seul et, à seize ans, Jean Graton entre au chantier naval.

Le travail est très éprouvant et, en 1947, Graton quitte Nantes pour Bruxelles, avec l'idée de vivre de son don : le dessin. Il vend quelques dessins à des rédactions, et collabore au journal *Les Sports*, tout en prenant des cours de publicité. C'est par hasard qu'un vendredi 13, il pousse la porte de l'agence World Press, où Jean-Michel Charlier lui confie ses premiers *Oncle Paul*. Après quelques histoires complètes dans *Spirou* puis dans *Tintin*, Jean Graton s'appuie sur sa bonne connaissance du sport automobile et crée le personnage de Michel Vaillant (1959). Aujourd'hui, les exploits de Michel Vaillant comptent plus de soixante-cinq albums, un feuilleton télévisé, soixante-cinq épisodes de dessin animé et un film écrit et produit par Luc Besson. Son fils Philippe, à l'origine de ces nouveaux développements, écrit les scénarios des nouveaux albums d'une série qui s'est déjà vendue à plus de vingt millions d'exemplaires.

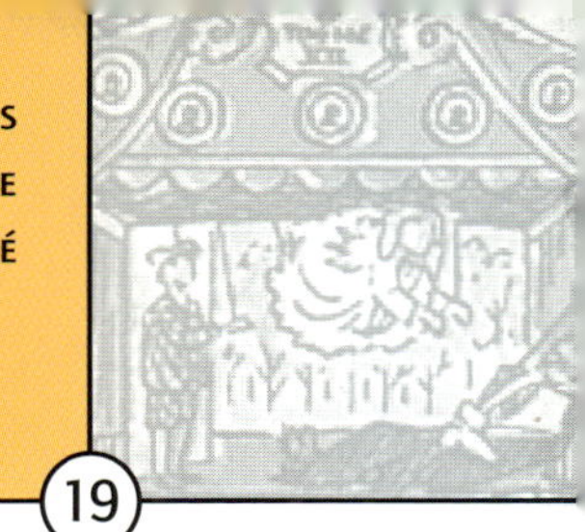

19

Ce théâtre de marionnettes pour adultes trouve son origine en 1830. Il présente de grandes pièces classiques adaptées en bruxellois et dotées d'expressions typiques encore utilisées par certains habitants du quartier des Marolles. Depuis plus de cent cinquante ans, la tradition se perpétue de génération en génération malgré de multiples déménagements du théâtre suite, par exemple, à des expropriations successives, résultats des travaux d'urbanisme et d'assainissement de la ville. L'estaminet, quant à lui, vous propose de savourer les bières du pays dans une ambiance folklorique.

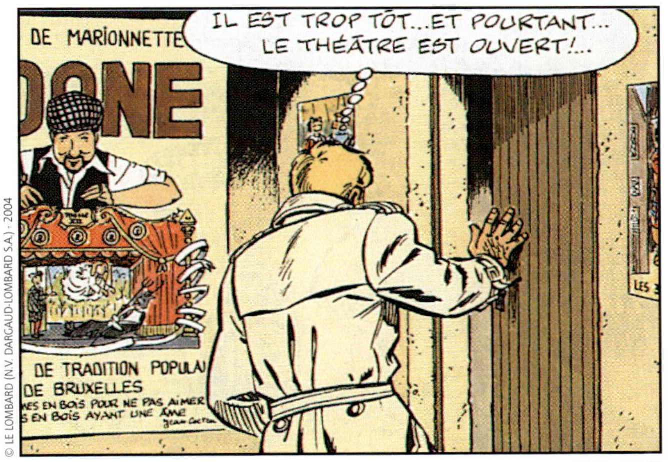

Ric Hochet : Les témoins de Satan, TIBET - A.P. DUCHÂTEAU

Dans cette aventure de Ric Hochet, Gérald est assassiné dans la propriété de son oncle. Son amie Lucia Demal est suspectée par le commissaire Bourdon. Ric Hochet est envoyé en mission à Bruxelles pour mener sa propre enquête. Maître Brunet, célèbre avocat, rejoint aussi la capitale pour défendre la cause de Lucia. Un appel téléphonique invite Ric Hochet à se rendre au théâtre de Toone. Il y est agressé et blessé. Au cours du procès, maître Brunet parvient à innocenter Lucia, mais Ric Hochet poursuit son enquête et prouve qu'elle est coupable.

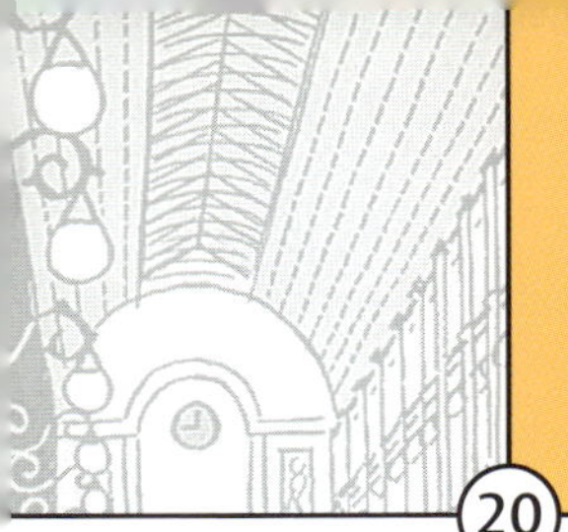

Le Code Zimmerman, l'Opéra de la mort, CARIN - RIVIÈRE - BORILE

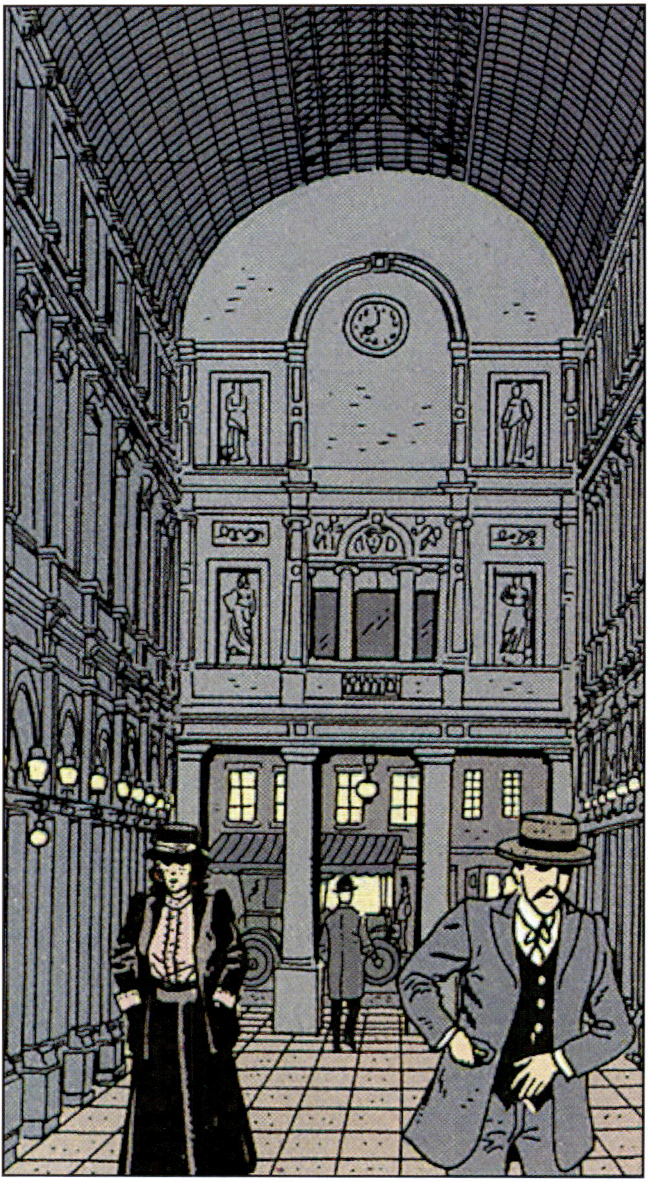

© LE LOMBARD (N.V. DARGAUD-LOMBARD S.A.) - 2004

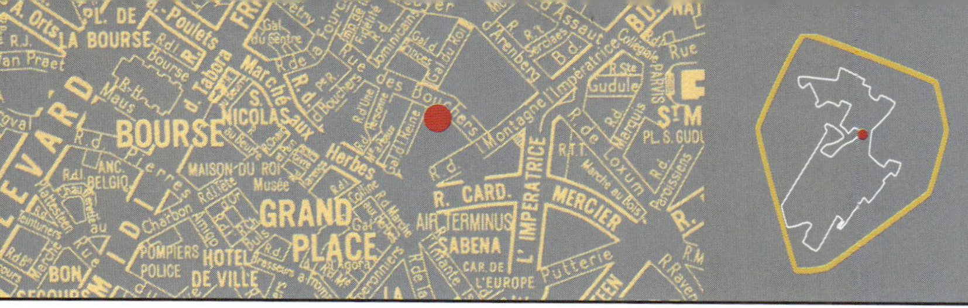

Ces galeries commerçantes, les premières d'Europe, furent édifiées par l'architecte Jean-Pierre Cluysenaar. Inaugurées en 1847, elles sont de style néo-classique. Elles comprennent la galerie du Roi, la galerie de la Reine et la galerie des Princes.

Dans *Le Code Zimmerman* et *Bruxelles bouillonne*, elles forment la toile de fond. Les deux albums montrent les héros, Victor Sackville de face, Barelli et sa tante de dos, traverser les galeries Saint-Hubert.

Les aventures de Barelli : Bruxelles bouillonne, Bob DE MOOR

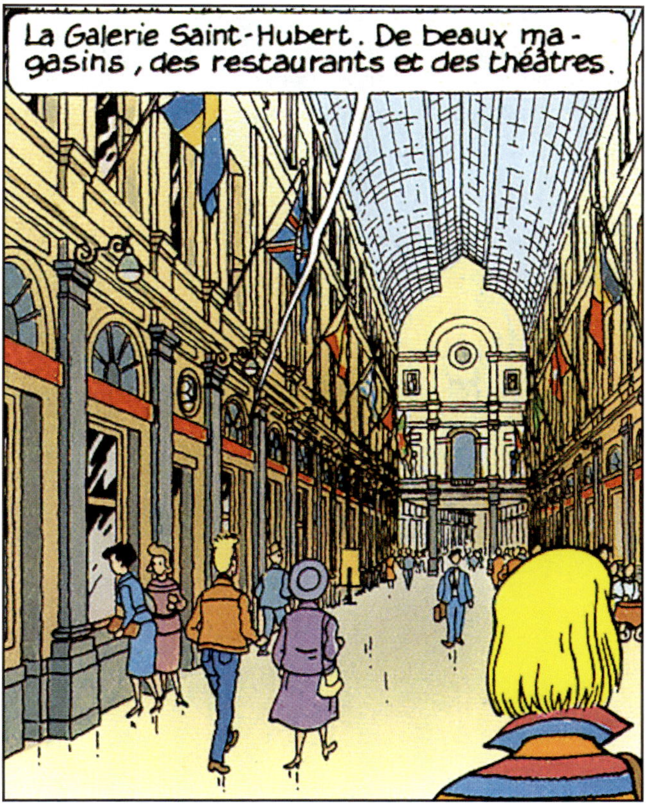

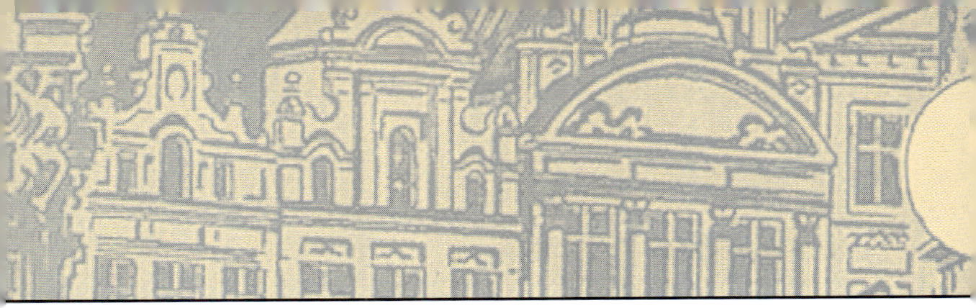

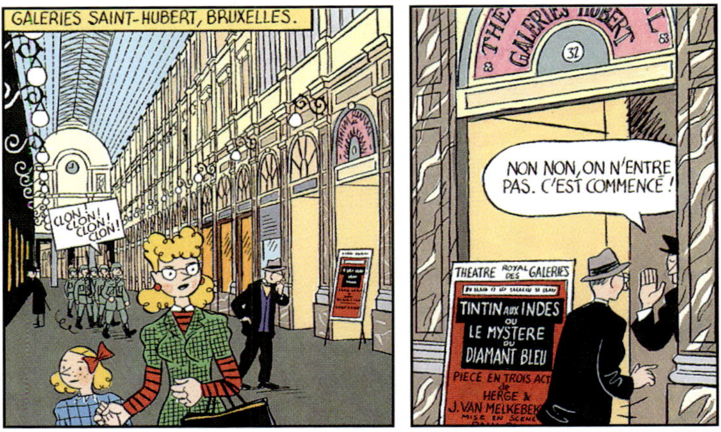

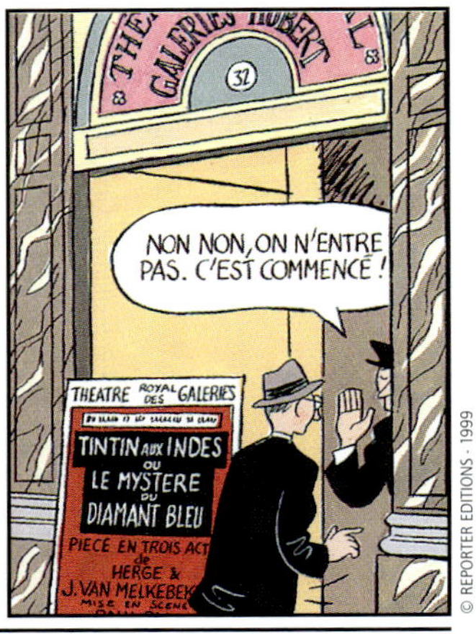

Les aventures d'Hergé, STANISLAS, BOCQUET et FROMENTAL

Dans *Les aventures d'Hergé*, les galeries font partie intégrante du scénario. On notera d'ailleurs que le Théâtre royal des Galeries propose une représentation de *Tintin aux Indes* et du *Mystère du Diamant bleu*. *Le Code Zimmerman* se déroule durant la Grande Guerre, tandis que les soldats allemands, en arrière-plan, situent *Les aventures d'Hergé* durant la Deuxième Guerre mondiale.

Entre *Bruxelles bouillonne* et les deux ouvrages précédents, une différence flagrante se situe au niveau du contexte ; et, comme on est en temps de paix, on note les drapeaux européens des deux côtés des galeries.

JOSÉ-LOUIS BOCQUET
[1962]

Scénariste et responsable éditorial, José-Louis Bocquet a réalisé divers recueils, dont *Les premières années de la bande dessinée*. Parmi ses scénarios BD, citons *Le Privé d'Hollywood*, dessiné par Philippe Berthet en 1983, et la trilogie *Dorian Dombre*, dessinée par Francis Vallès en 1989.

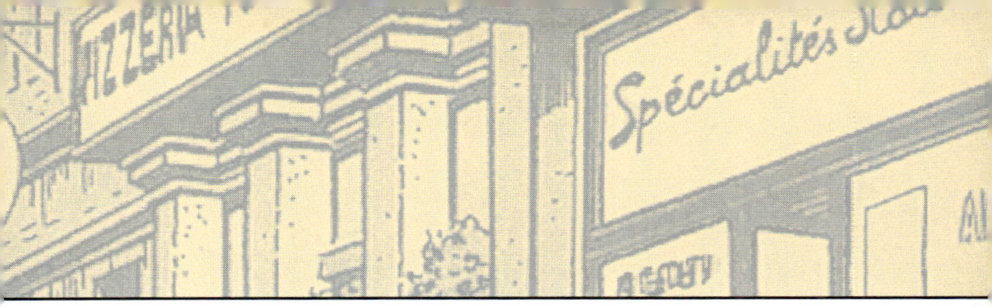

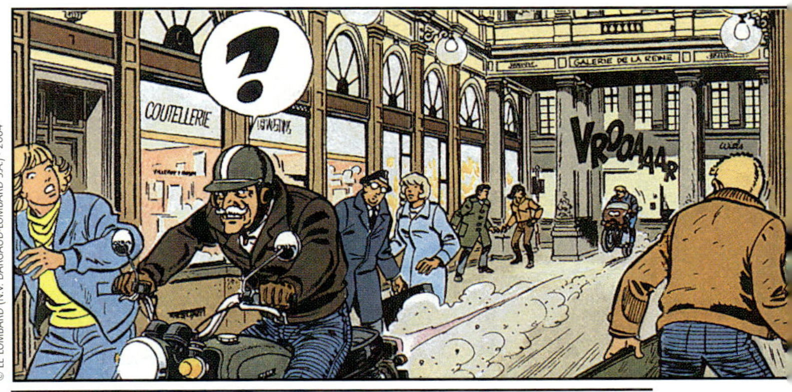

Ric Hochet : Les témoins de Satan, TIBET - A.P. DUCHÂTEAU

Dans *Les témoins de Satan*, Ric Hochet poursuit son agresseur à moto dans les Galeries royales, suite à des coups de feu tirés sur la Grand-Place. Mais l'accent ici est mis surtout sur l'action et non sur l'architecture. Toutefois, les détails comme celui de la coutellerie (à gauche) sont conformes à la réalité.

JEAN-LUC FROMENTAL
[1950]

Scénariste, journaliste et romancier, Jean-Luc Fromental devient critique de bandes dessinées en 1980, au *Matin de Paris*. Il travaille pour la publicité, la télévision et la BD et réalise de multiples recueils. Il scénarise également 26 courts-métrages d'animation pour des chaînes françaises.

STANISLAS
[1961]

Dessinateur, Stanislas est architecte d'intérieur de formation. Il se lance dans la bande dessinée en 1984. Après avoir dessiné pour de nombreux magazines, il donne naissance, avec Laurent Rullier, à la série *Victor Levallois*. En 1996, il travaille à une adaptation en BD de la vie d'Hergé.

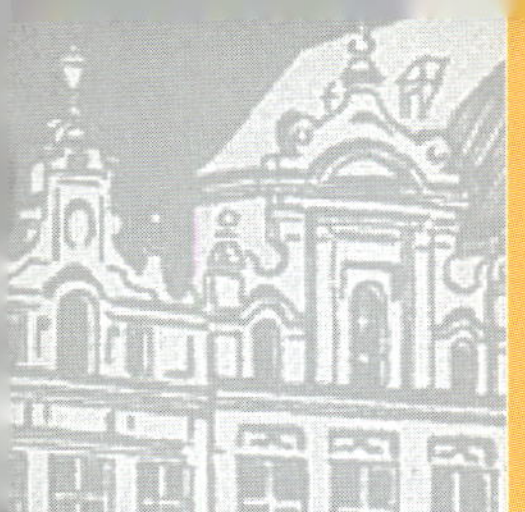

De la rue de la Colline, vous apercevez la Grand-Place.

La vignette ci-dessus vous montre le début de la course-poursuite entre Ric Hochet et son agresseur. Tibet restitue de manière fidèle les lieux de l'action.

Ric Hochet : Les témoins de Satan, TIBET - A.P. DUCHÂTEAU

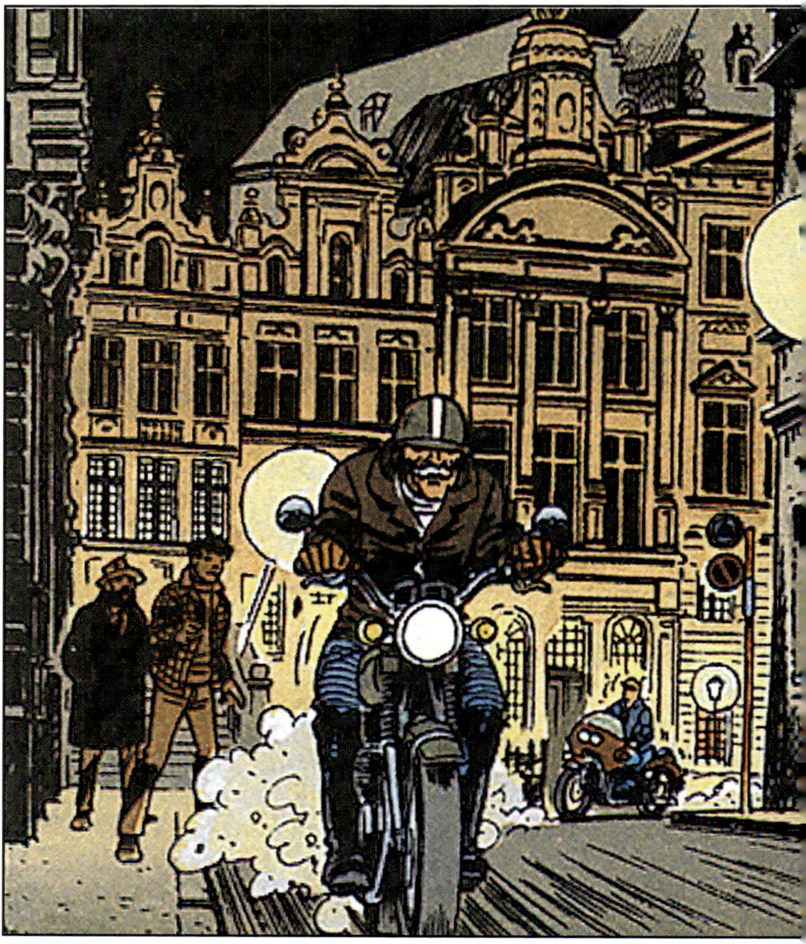

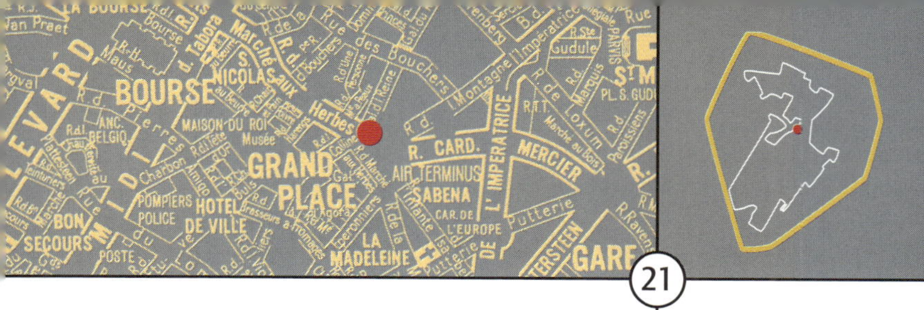

BOURSE
GRAND PLACE
LA MADELEINE
GARE
21

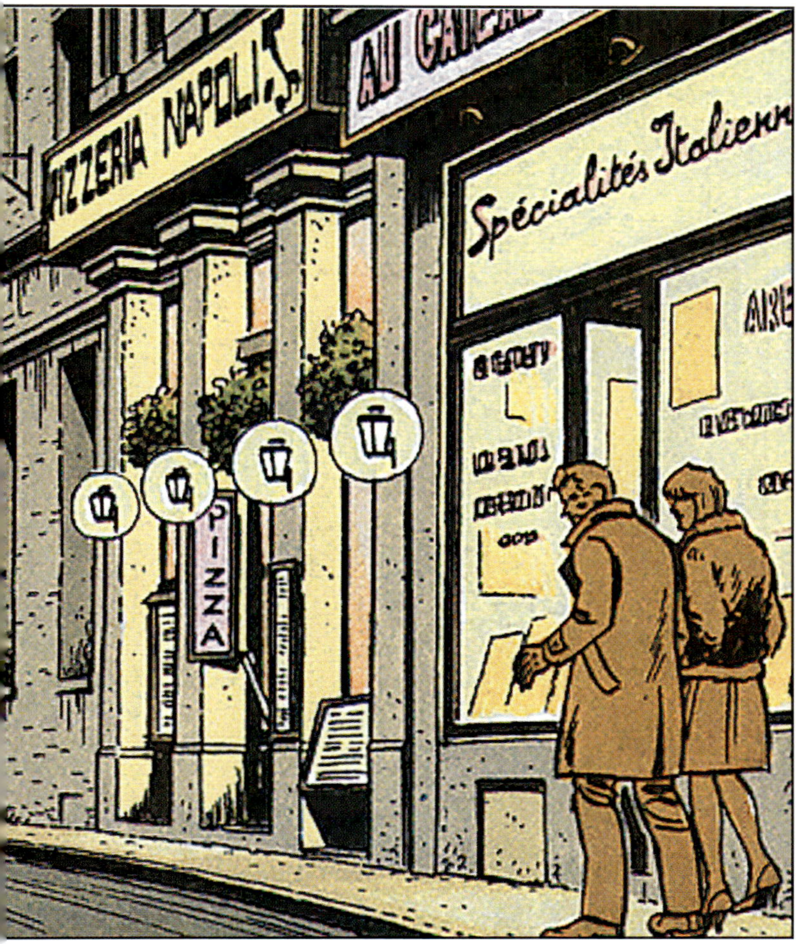

PIZZERIA NAPOLI
AU
Spécialités Italienn
PIZZA

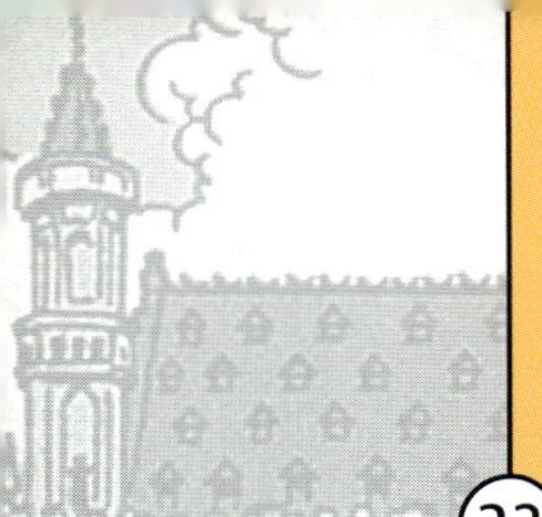

22

Michel Vaillant : Racing-Show, Jean GRATON

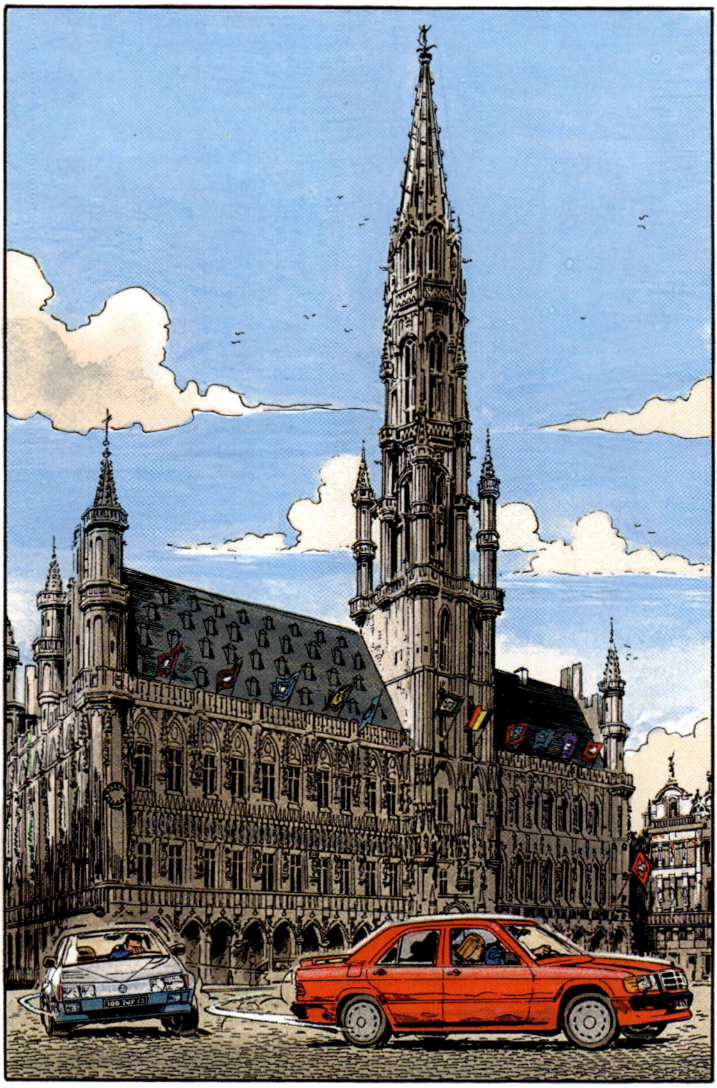

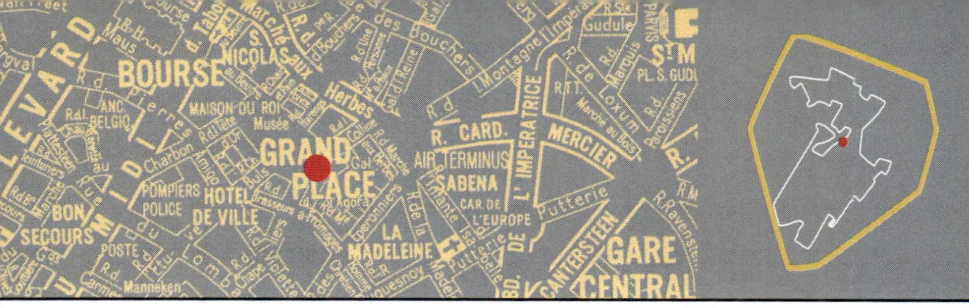

Lors du bombardement de Bruxelles en 1695 par les troupes françaises du maréchal de Villeroi, plus de quatre mille immeubles du centre de Bruxelles furent endommagés ou incendiés. Excepté la tour de l'Hôtel de Ville, il ne resta que des ruines de la Grand-Place. On la reconstruisit en cinq ans, de manière plus luxueuse encore qu'auparavant. Pour réédifier les maisons des corporations, on s'inspira d'éléments de la Renaissance italienne et du style parisien de l'époque. Les constructions en bois cédèrent la place à des pignons à volutes largement décorés de colonnes, de bas-reliefs et de médaillons. De nombreuses dorures furent appliquées sur les façades afin de mettre en valeur les différents corps de métiers.

Manneken-Pis, l'irascible nous présente la Grand-Place sous son aspect folklorique et animé. Bob et Bobette y visitent le centre de Bruxelles. Après être passée près de Manneken-Pis, Bobette se rend compte qu'elle a perdu sa poupée Fanfreluche. Elle revient sur ses pas et voit une camionnette sur le point d'écraser sa poupée. Mais Manneken-Pis arrose à ce moment-là le pare-brise de la camionnette et le chauffeur, distrait par son geste, écrase son véhicule contre un mur. À partir de ce moment, suite au sauvetage de Fanfreluche, Manneken-Pis suit Bob et Bobette dans leurs aventures.

Bob et Bobette : Manneken-Pis, l'irascible, Willy VANDERSTEEN

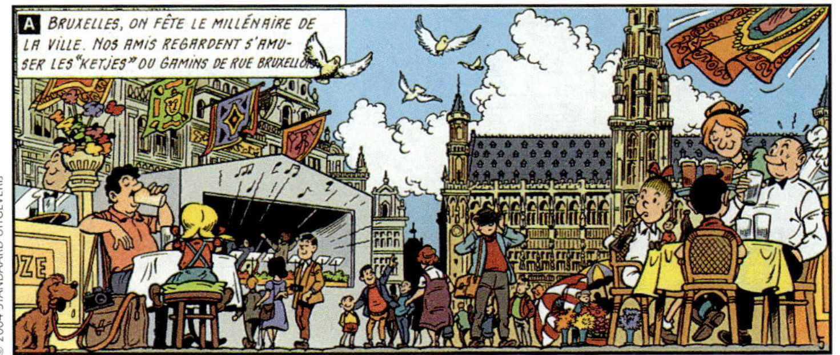

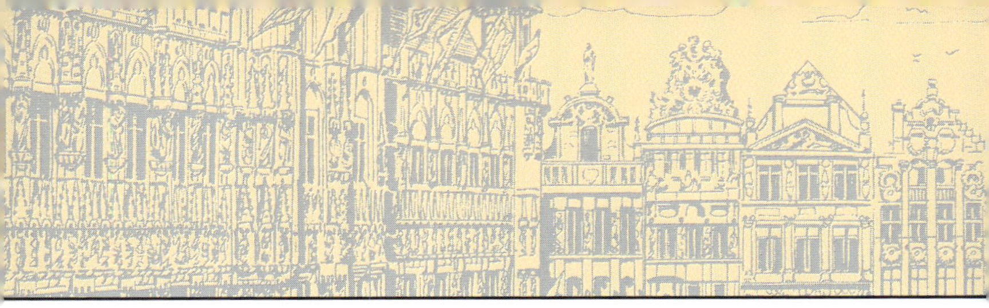

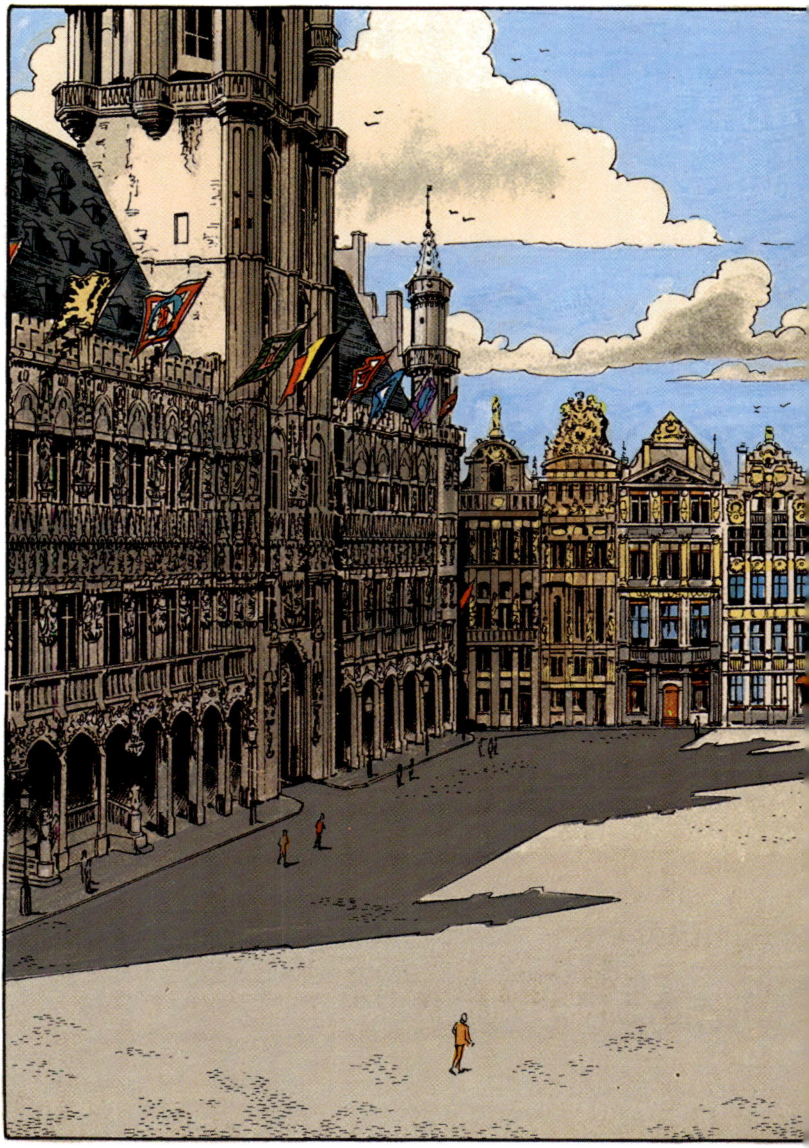

Dans *Michel Vaillant*, les qualités architecturales de la Grand-Place
sont totalement respectées.

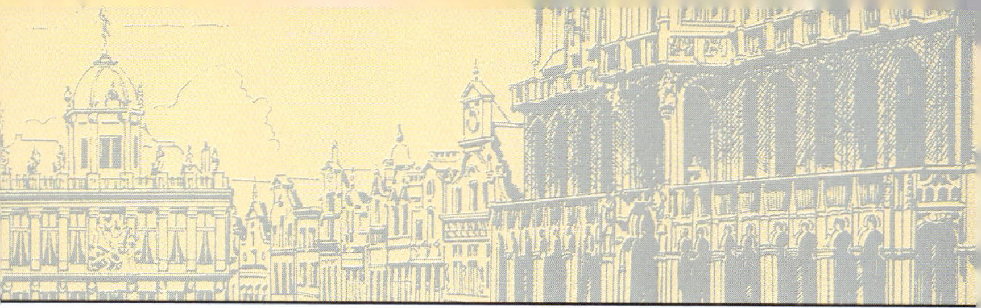

Pour rappel : c'est à la Grand-Place que se termine la course-poursuite.

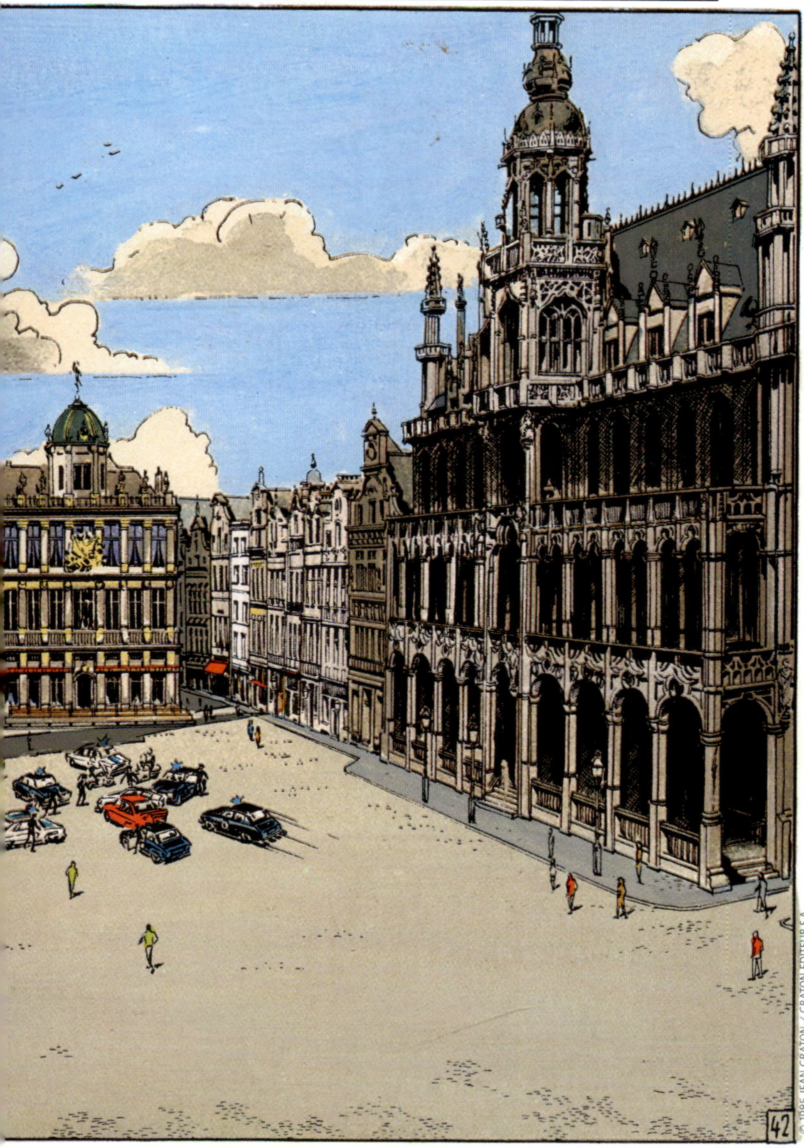

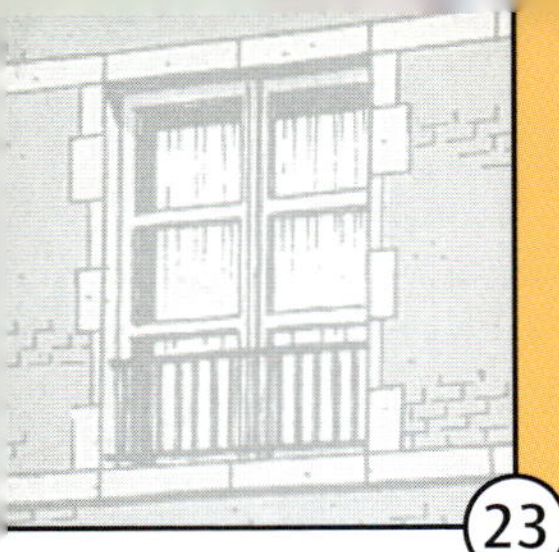

(23)

Dans *Le Fantôme espagnol*, Willy Vandersteen met en scène le détail de la tour de l'Hôtel de Ville que surplombe saint Michel terrassant le dragon. Bob, Bobette et Lambique se trouvent lors de cette aventure dans un tableau de Brueghel et vivent des événements de l'époque avec le fantôme espagnol qu'ils ont rencontré au musée. C'est pour cette raison que l'on peut les voir habillés à la mode du temps.

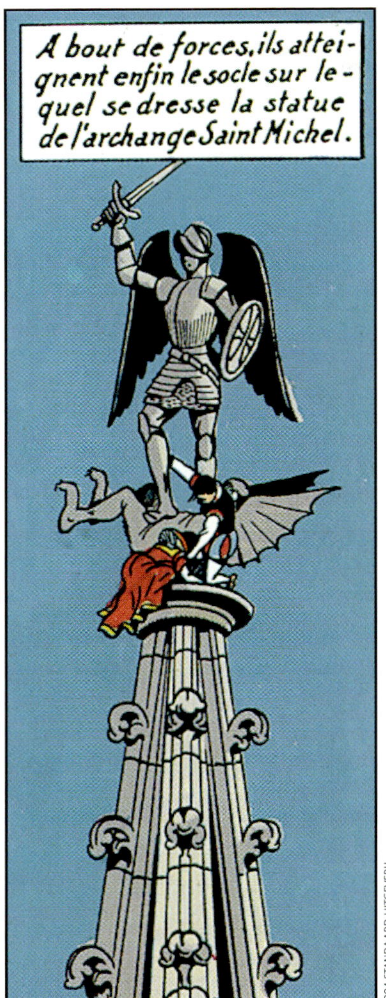

Bob et Bobette : Le Fantôme espagnol, Willy VANDERSTEEN

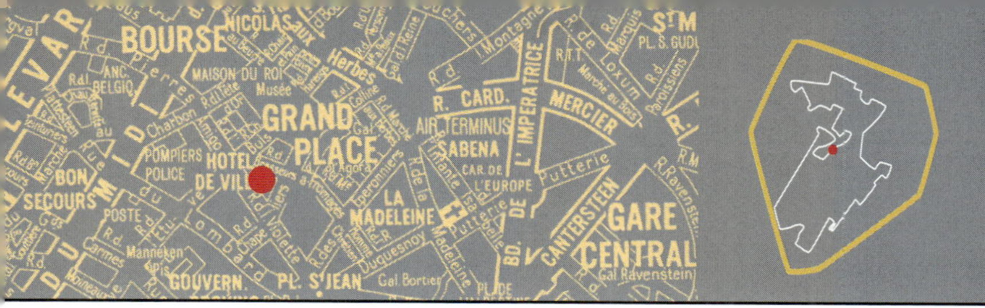

Michel Vaillant : Racing-Show, Jean GRATON

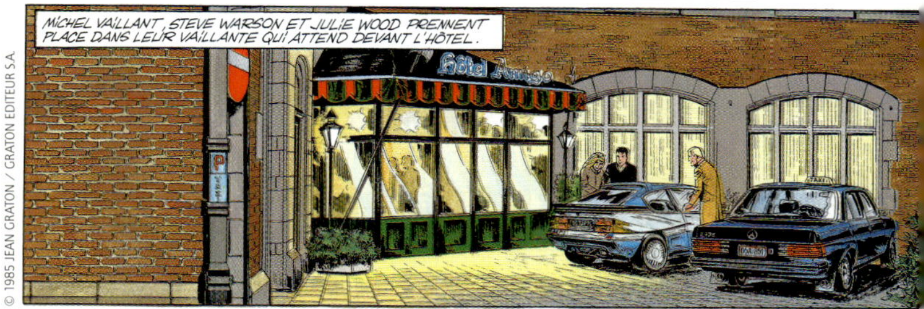

Vous passez devant l'hôtel Amigo, où ont « séjourné » Ric Hochet et Michel Vaillant.

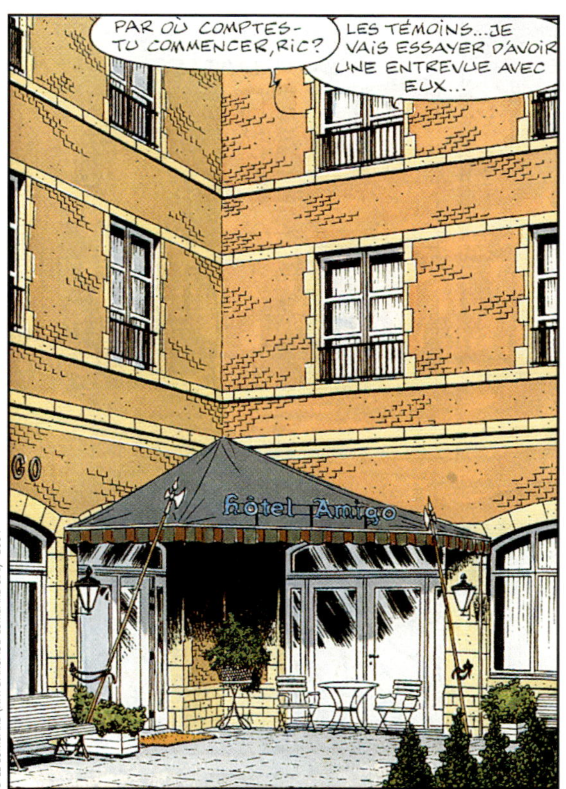

Ric Hochet : Les témoins de Satan, TIBET - A.P. DUCHÂTEAU

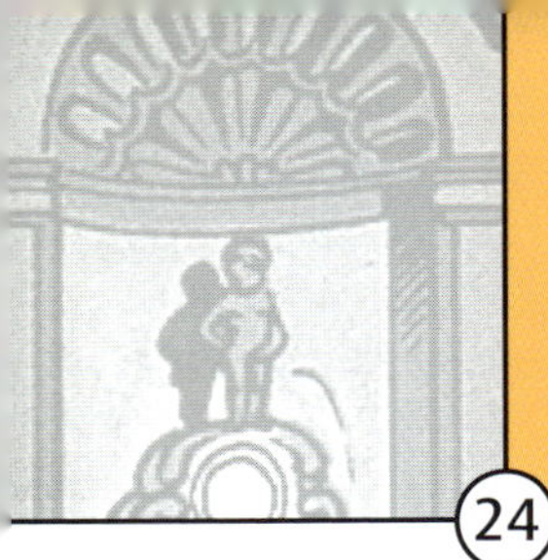

24

À votre gauche vous attend Manneken-Pis, le petit personnage symbolique de Bruxelles. Cette statuette de bronze date du début du XVIIᵉ siècle (1619) ; on la doit au sculpteur Jérôme Duquesnoy. Selon la légende, ce petit garçon de trois ans se serait perdu et aurait été retrouvé cinq jours plus tard en train de « produire un filet d'eau limpide » à l'angle de la rue de l'Étuve et de la rue du Chêne. Une autre légende raconte que Manneken-Pis aurait ainsi éteint le grand incendie de Bruxelles à la même époque.

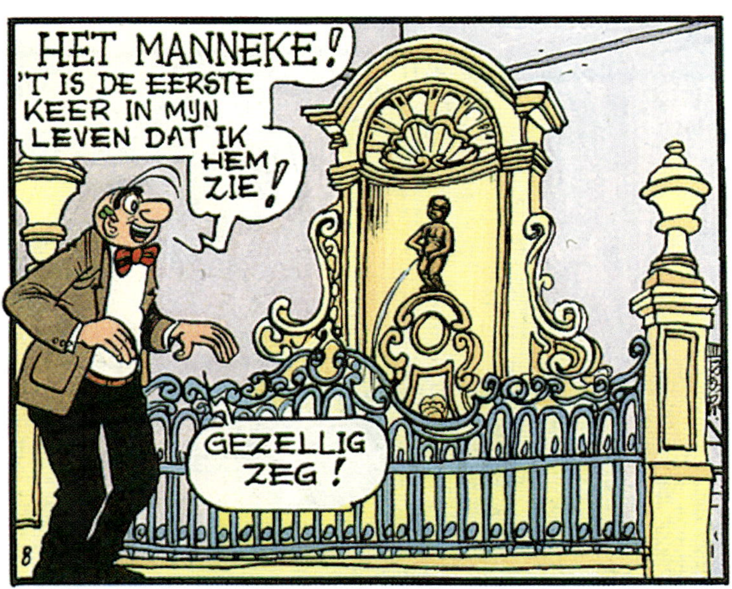

De avonturen van Nero : De zwarte toren, Marc SLEEN

Marc Sleen, dans *De zwarte toren*, met en scène son héros, Néron, qui découvre Manneken-Pis lors de sa promenade dans le centre de Bruxelles, avant de se faire enfermer dans la Tour Noire.

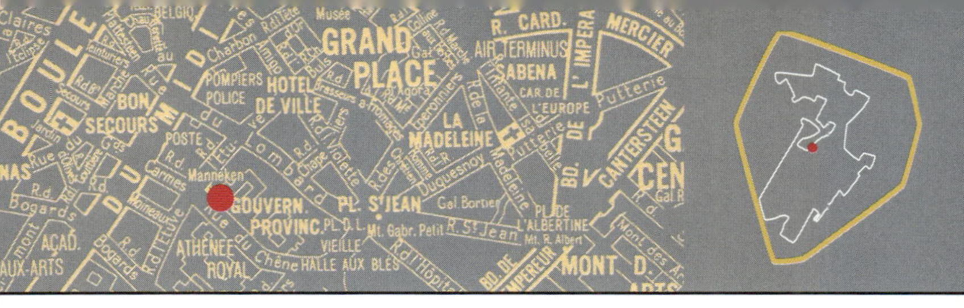

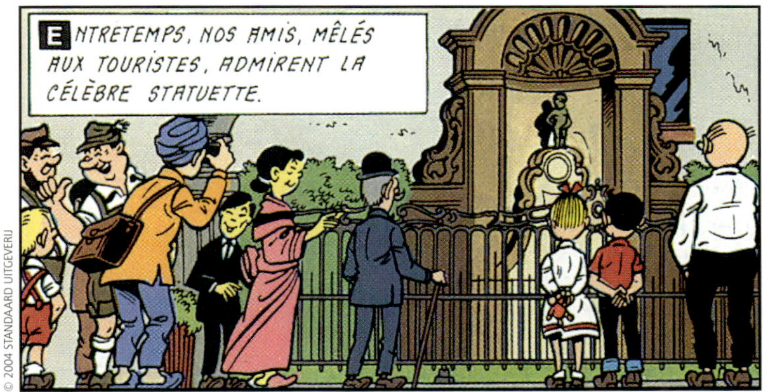

Bob et Bobette : Manneken-Pis, l'irascible, Willy VANDERSTEEN

Sur cette illustration de *Bob et Bobette*, nos trois héros, se mêlent aux touristes devant Manneken-Pis.

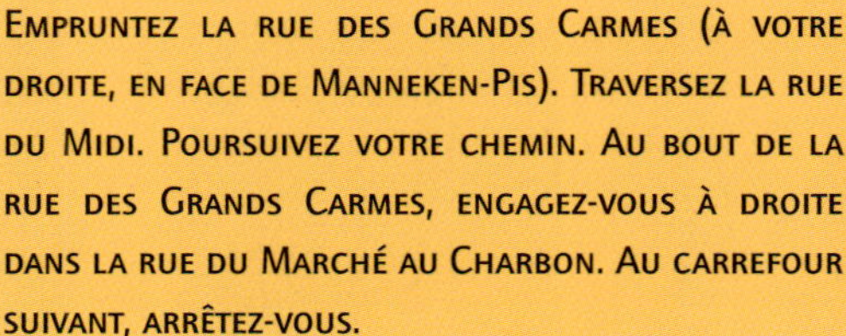

Là, vous pouvez admirer la fresque de Frank Pé, qui représente *Broussaille* et son amie traversant le Plattesteen, l'endroit même où vous vous trouvez. Petit détail amusant : on retrouve dans le haut de la fresque la représentation de la fresque elle-même.

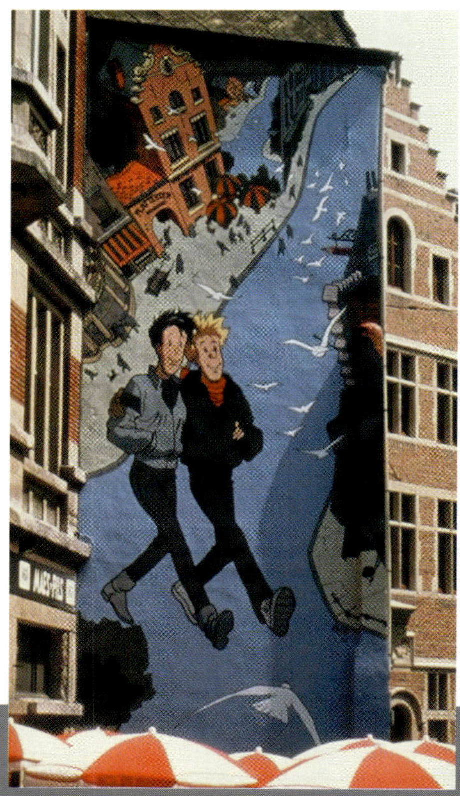

FRANK PÉ
[1956]

Dessinateur, Frank Pé crée pour *Spirou* le personnage de Broussaille, amoureux de la nature, en 1978. Il nous entraîne à sa suite dans des aventures simples où le merveilleux et le fantastique occupent une place privilégiée. Il sera gratifié par de nombreux prix pour son album, *Les baleines publiques*. Il collabore également à de longs métrages.

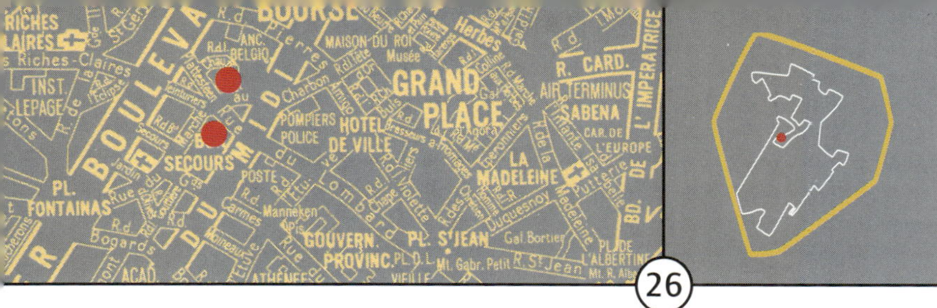

Au même carrefour, derrière vous, dans la rue du Marché au Charbon, la fresque de Francis Carin représente une scène de *L'Opéra de la mort*, premier tome du *Code Zimmerman*, où l'on voit Victor Sackville se promener dans la rue Marché au Charbon. On y retrouve la façade d'une maison qui se trouve à l'angle de la rue des Grands Carmes, d'où vous venez, ainsi que le clocher de l'église du Bon-Secours.

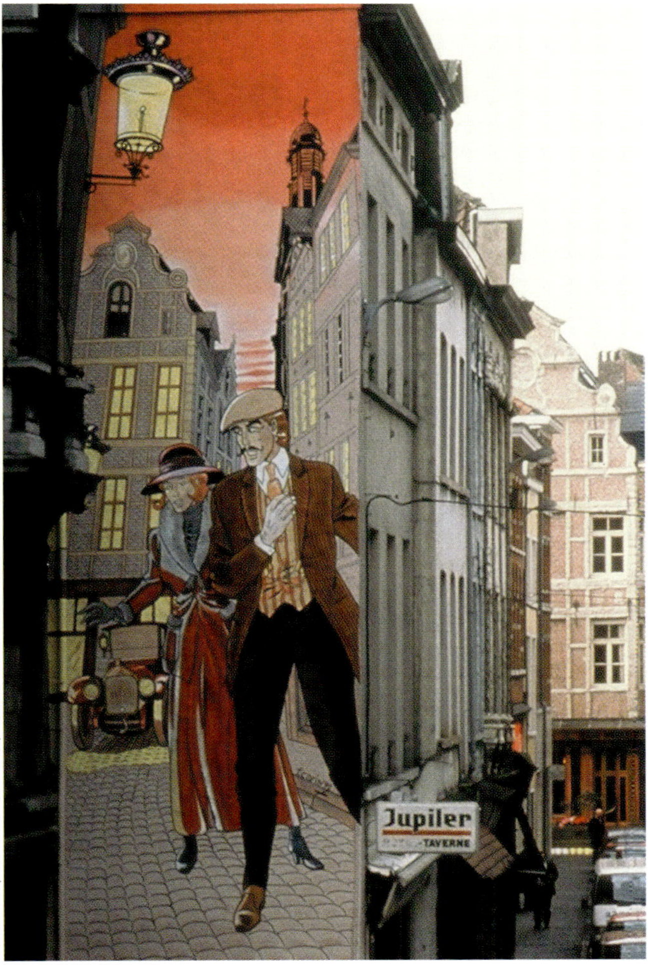

Michel Vaillant : Racing-Show, Jean GRATON

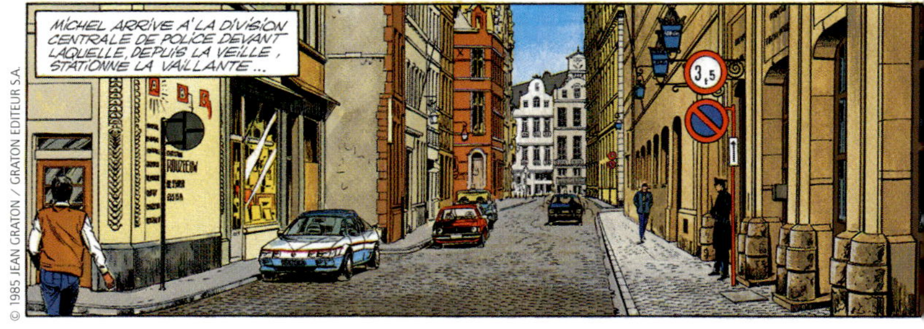

© 1985 JEAN GRATON / GRATON EDITEUR S.A.

Représentation de la rue du Marché au Charbon avec, à droite, le commissariat de police où s'est rendu Michel Vaillant et, à gauche, le mur encore vierge sur lequel on peut

FRANÇOIS SCHUITEN
[1956]

Scénariste et dessinateur, François Schuiten travaille depuis 1981 avec Benoît Peeters à la série des *Cités obscures*. Il met en place son propre univers, cohérent et utopique, et s'inspire en droite ligne des illustrateurs et des architectes du début du siècle. Les caractéristiques essentielles de son œuvre sont des édifices interminables et des perspectives plongeantes dans un univers assez froid. À partir de 1991, il travaille à un projet d'adaptation cinématographique des *Cités obscures*.

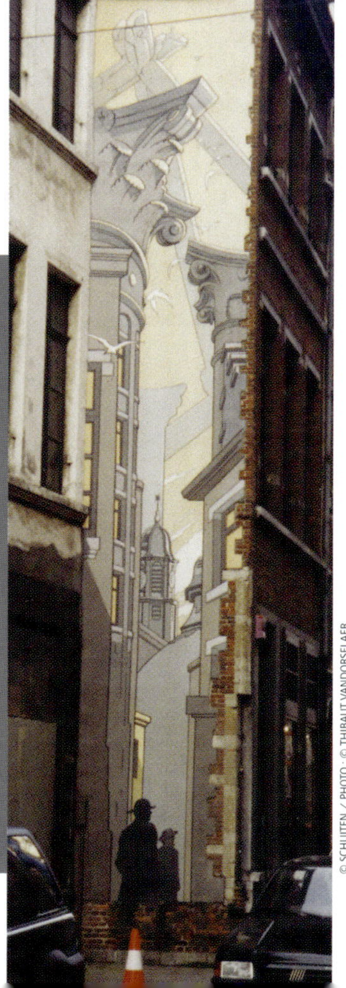

© SCHUITEN / PHOTO : © THIBAUT VANDORSELAER

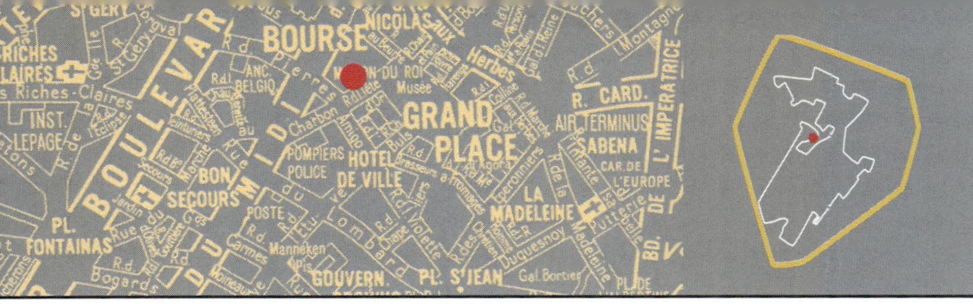

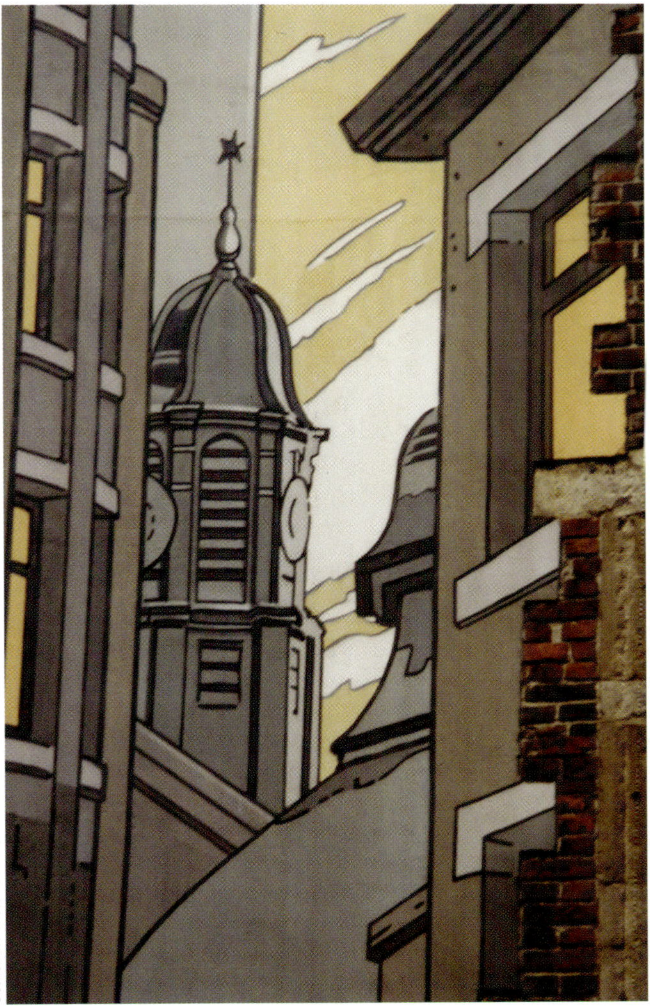

admirer depuis la fresque de François Schuiten, *Le Passage*. Au
milieu des perspectives plongeantes de la fresque, on distingue le
clocher de l'église Saint-Jacques-sur-Coudenberg, située place
Royale.

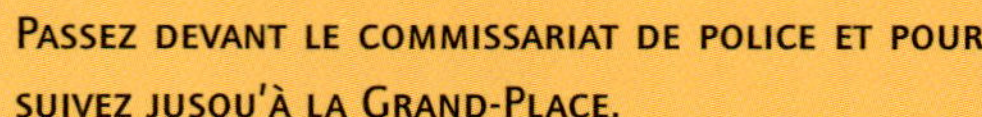

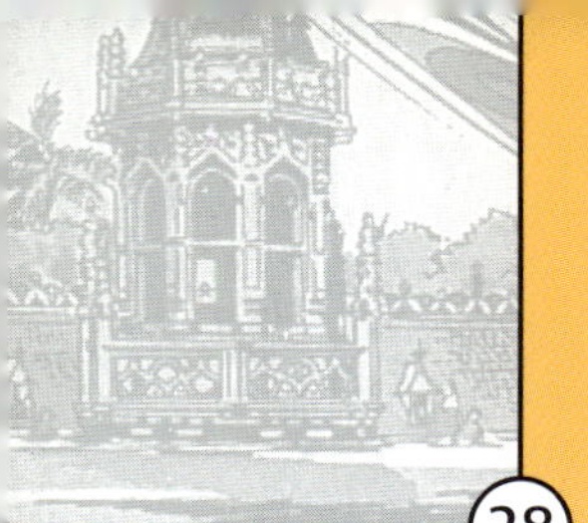

28

En face de vous, la Maison du Roi. Au premier étage, l'exposition « Bruxelles à ciel ouvert » esquisse l'évolution des espaces urbains dans le Pentagone au fil du dernier millénaire.

Gord est une bande dessinée futuriste qui offre une vision apocalyptique de Bruxelles. Toute la ville y est représentée inondée, abandonnée et couverte d'une végétation sauvage. De la ville détruite ne subsistent que les principaux monuments. Gord, le héros, désorienté dans ce monde hostile, rencontre Angus Van Cleef, surnommé « le spit du snack ». Ce dernier va l'aider dans sa

CHRISTIAN DENAYER
[1945]

Dessinateur et scénariste, Christian Denayer a été l'assistant de Jean Graton pour *Michel Vaillant*, et de Tibet pour *Ric Hochet*. Parallèlement, il crée *Yalek* et *Alain Chevalier* sur un scénario d'A.-P. Duchâteau, ainsi que la série *Les casseurs*. En 1987, avec Franz comme scénariste, il réalise *Gord*, qu'il poursuivra seul à partir de 2000. Il retourne à la BD d'aventures en 2001 avec Wayne Shelton, sur un scénario de Jean Van Hamme.

FRANZ
[1948]

Scénariste et dessinateur, Franz débute réellement dans la bande dessinée en 1969, dans les journaux *Spirou* et *Tintin*. Il réalise des ouvrages historiques sur Bruxelles et la Belgique. À partir de 1979, il imagine ses propres personnages, dont Leister Cockney. Franz se caractérise par ses dons graphiques et une imagination débordante. En 1987, il réalise avec Christian Denayer une BD de science-fiction, *Gord*, qui sera publiée aux Éditions du Lombard.

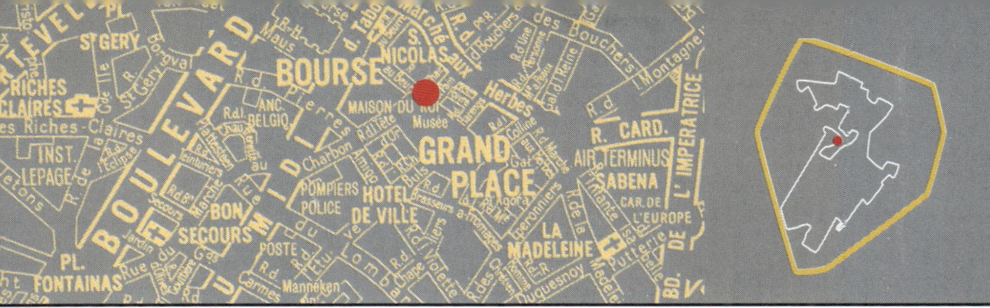

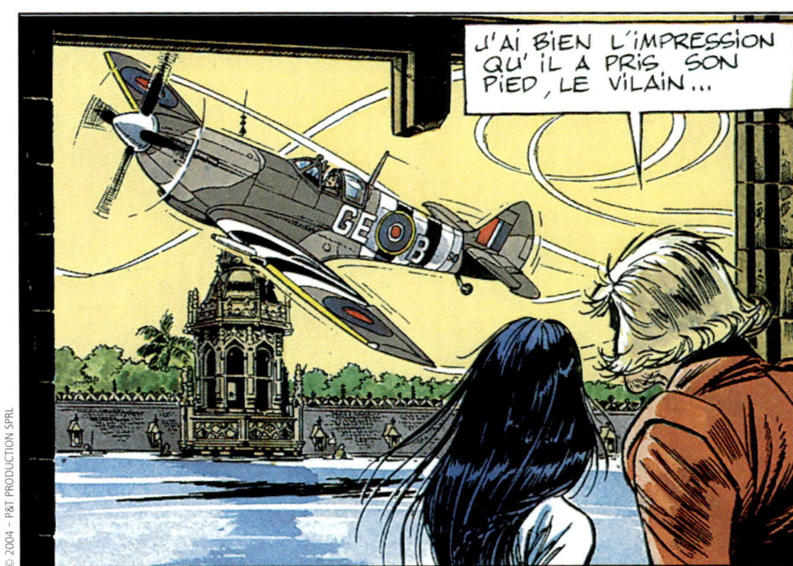

Gord, Le spit du Snack, FRANZ et DENAYER

mission en le transportant à bord de son spitfire et en bombardant les bâtiments dans lesquels se cachent ses ennemis. Ci-dessus, Denayer met en scène Gord et son amie Abbla qui, d'une fenêtre de la tour de l'Hôtel de Ville, regardent le spitfire du « spit du snack » passer devant le sommet de la Maison du Roi. Bien que l'auteur nous présente une vision futuriste et apocalyptique de la ville, les différents angles de vue représentés dans Gord sont réalistes.

29

Deux vues de la Grand-Place donnent sur la rue au Beurre. Magda et Tibet y représentent Bruxelles de manière fidèle.

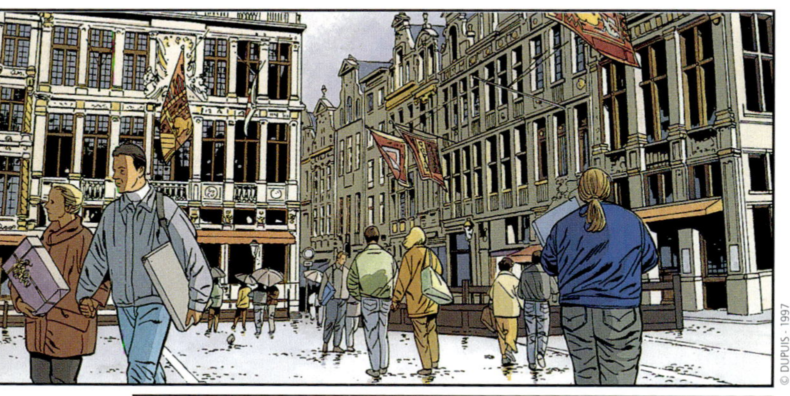

Charly, Le Tueur, MAGDA et LAPIÈRE

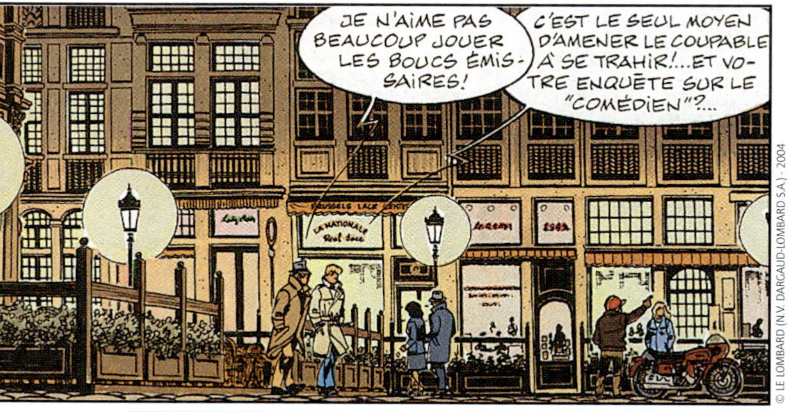

Ric Hochet : Les témoins de Satan, TIBET - A.P. DUCHÂTEAU

BARLY BARUTI
[1959]

Dessinateur, Barly Baruti anime très tôt des ateliers graphiques dans son pays natal, la République démocratique du Congo. Il a travaillé aux Studios Hergé. Il développe, dans *Eva K* notamment, la thématique de l'opposition à une dictature.

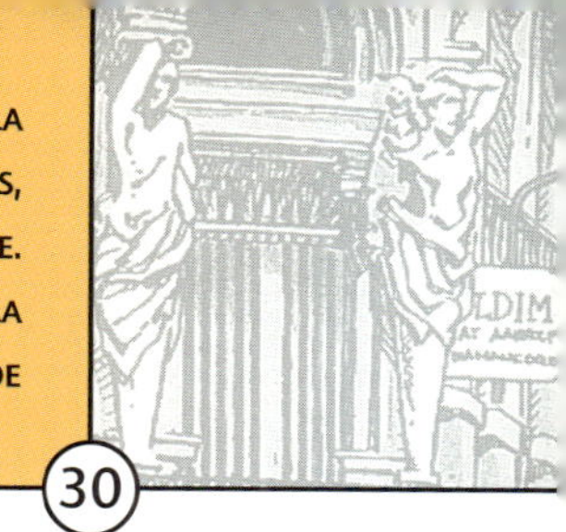

30

Sur votre droite, une vue de la place De Brouckère s'offre à vous depuis le boulevard Anspach.

L'album *Objectif Terre* a été réalisé en collaboration avec l'Administration générale de la Coopération au Développement et Greenpeace. Sor objectif principal est de sensibiliser le lecteur aux problèmes de l'environnement. Les deux héros, Sako et Yannick, vivent en Afrique. Ils participent à un concours scolaire organisé par le WWF et gagnent un voyage d'un mois en Europe avec des enfants du monde entier. Dans cette BD, Bruxelles ne tient pas une place très importante : la ville n'est qu'une étape du tour d'Europe. La vue vers la place De Brouckère a été fidèlement reconstituée. Notez la différence d'angle par rapport au point 15 : l'hôtel Sheraton, dans le fond, prend ici des proportions beaucoup plus importantes.

Les aventures de Sako et Yannick : Objectif Terre, Barly BARUTI

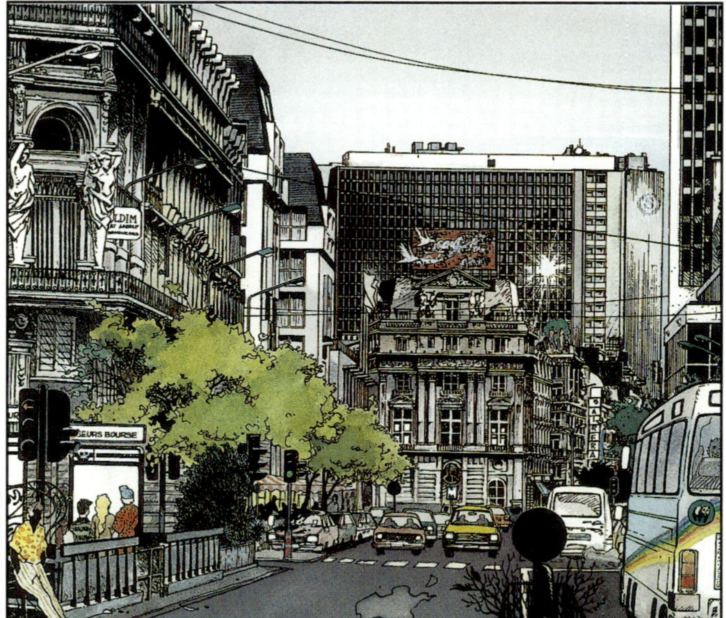

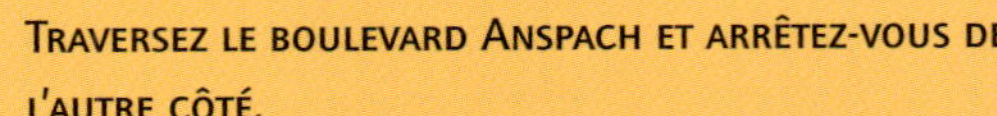

31

La Bourse, construite en 1868, fut conçue par l'architecte Léon Suys comme le fleuron des boulevards nouvellement créés. L'édifice est chargé d'ornements architecturaux tels que pilastres, colonnes, frises et frontons sculptés. Ces sculptures ont pour thèmes la Belgique, l'industrie, le commerce, le transport terrestre et maritime, qui symbolisent la stabilité de la Nation.

Jean Graton dessine la course-poursuite entre la Mercedes rouge de Bob Cramer et la Vaillante de Michel Vaillant dans le décor actuel de la place de la Bourse.

Michel Vaillant : Racing-Show, Jean GRATON

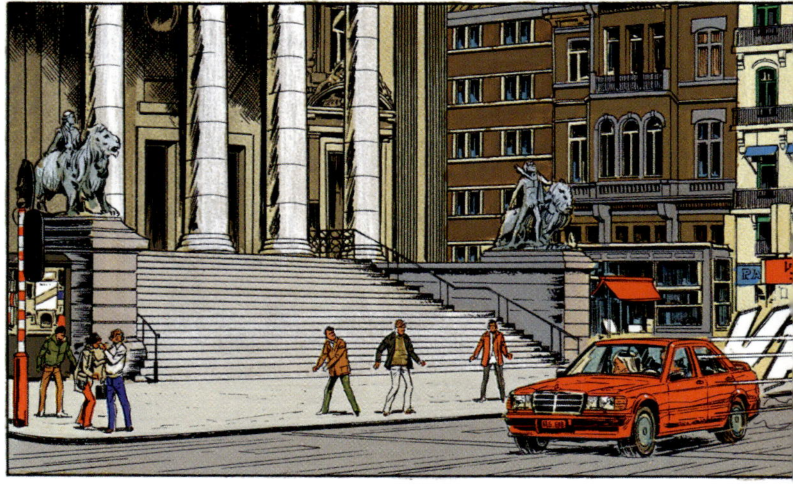

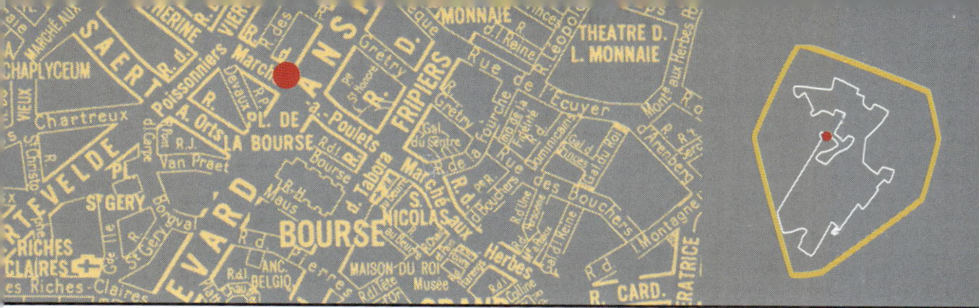

Des ombres sur le sable est le sixième tome de la série *Pharaon*. Après avoir accompli sa mission en Alaska, le héros, Pharaon, obtient un congé sabbatique de son supérieur, Cobra. Il se cache dans un quartier perdu de Bruxelles, voué à l'anéantissement. L'ombre noire le retrouve et le poursuit dans la ville. Le quartier Nord se couvre de sable et les pyramides surgissent au milieu des immeubles. Pharaon se promène boulevard Anspach ; il passe devant la place De Brouckère et la Bourse. Voyant les édifices se transformer en châteaux de sable, il ne fait guère attention au trafic et se fait renverser par une voiture rue Auguste Orts. À l'hôpital, son clone tentera de prendre sa place et d'autres hallucinations cauchemardesques l'entraîneront dans de nouvelles aventures au pays du sable et des tombes égyptiennes. Sur la vignette, les hallucinations de Pharaon n'ont pas encore pris le dessus. La représentation de la Bourse est fidèle à la réalité. Toutefois, le sable commence déjà à envahir les trottoirs et le métro.

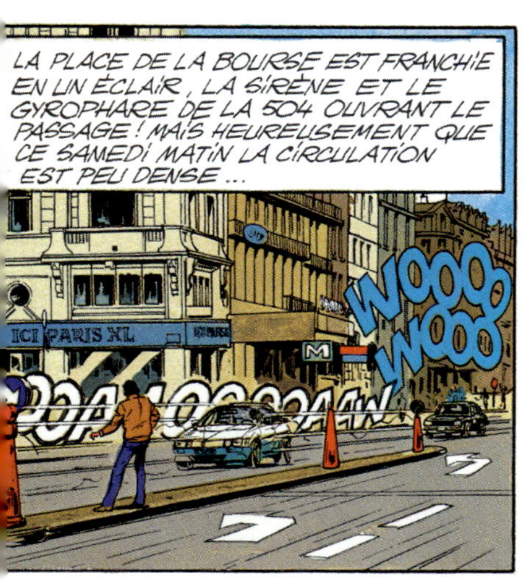

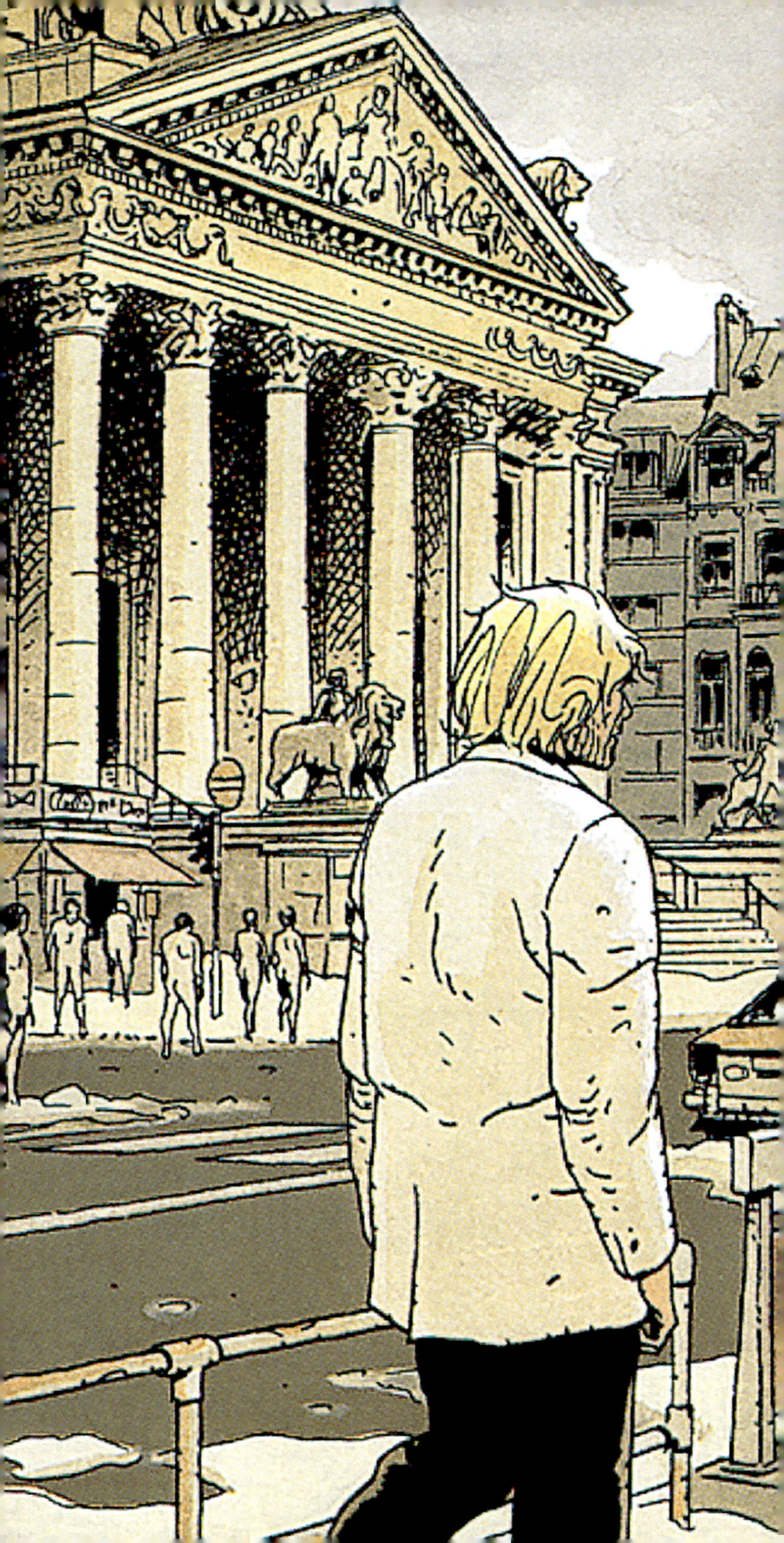

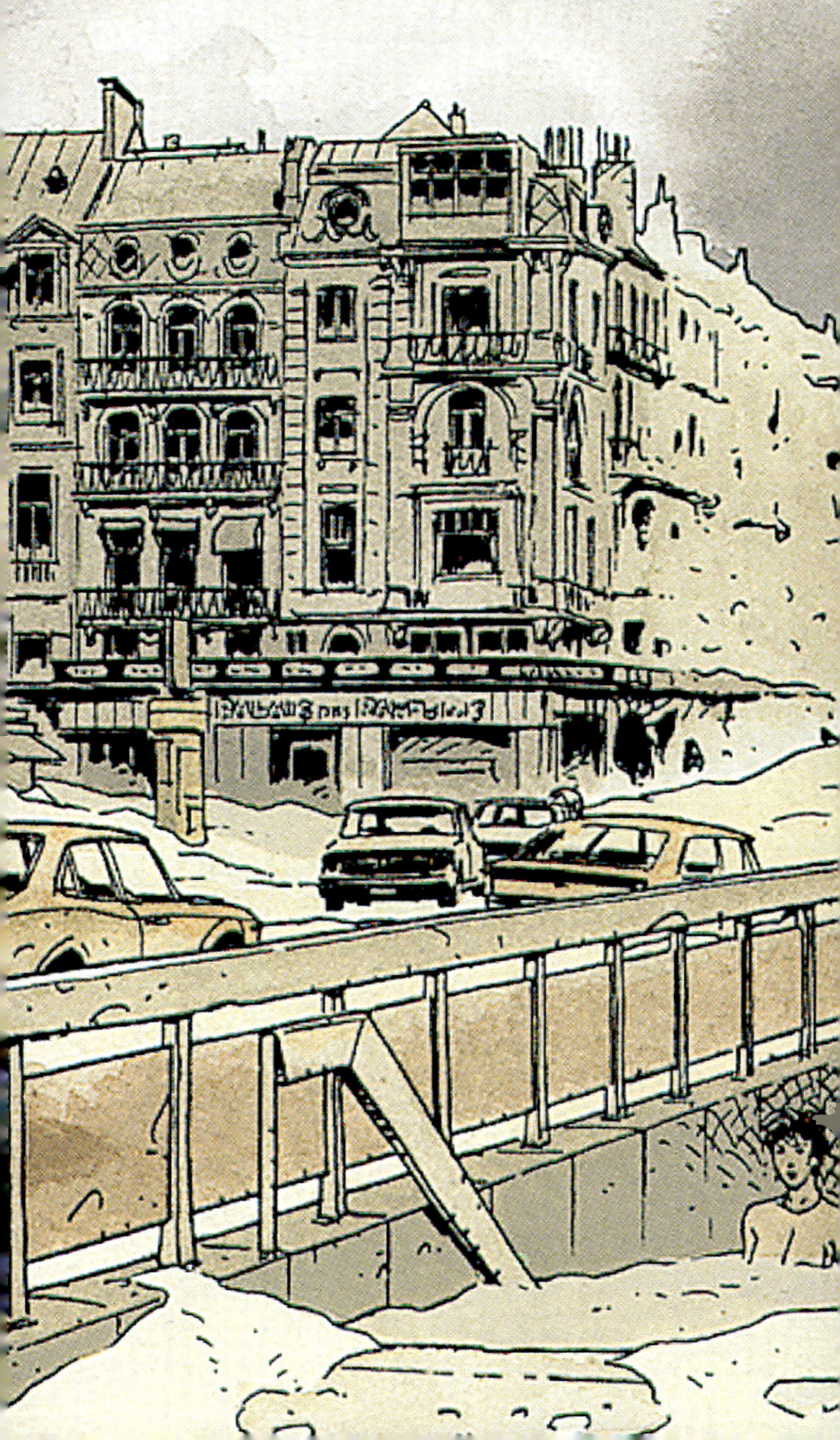

Pharaon : Des ombres sur le sable, DUCHÂTEAU - HULET

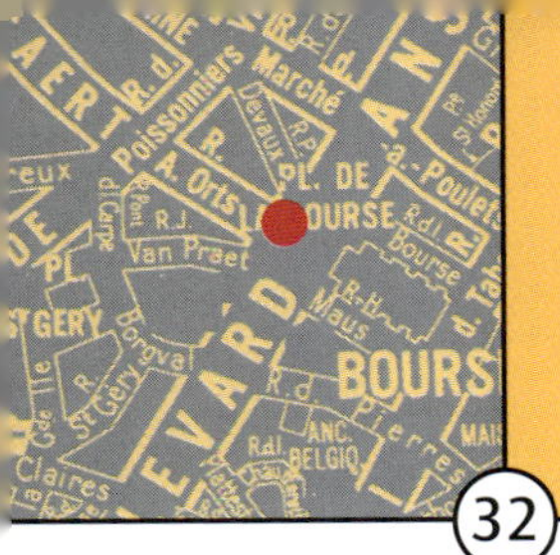

Sur votre gauche, vous bénéficiez d'un autre angle de vue de la Bourse avec la tour de l'Hôtel de Ville en arrière-plan, à droite.

Dans *Des ombres sur le sable*, Pharaon a un type de vision particulier des édifices bruxellois lors de ses hallucinations. Sur cette image, il tente de traverser la rue Auguste Orts, totalement ensablée, pendant que la Bourse et la tour de l'Hôtel de Ville subissent une érosion rapide et s'affaissent de plus en plus.

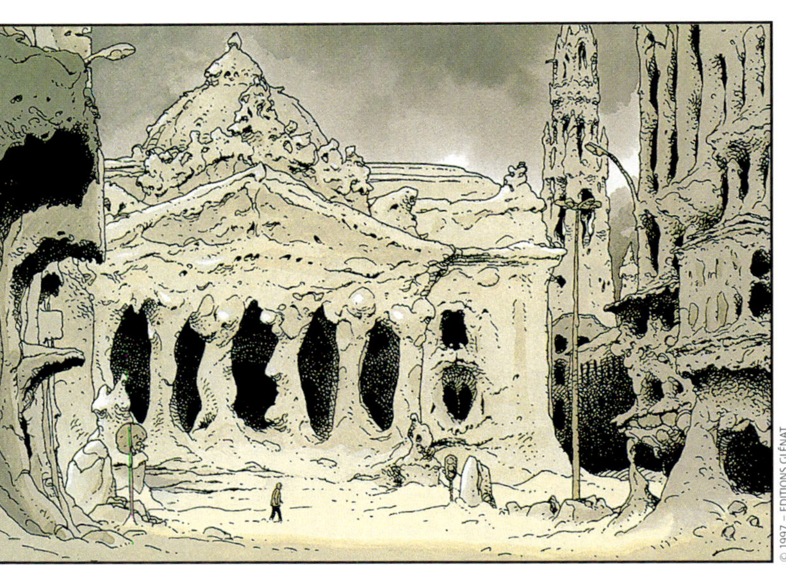

Pharaon : *Des ombres sur le sable*, DUCHÂTEAU - HULET

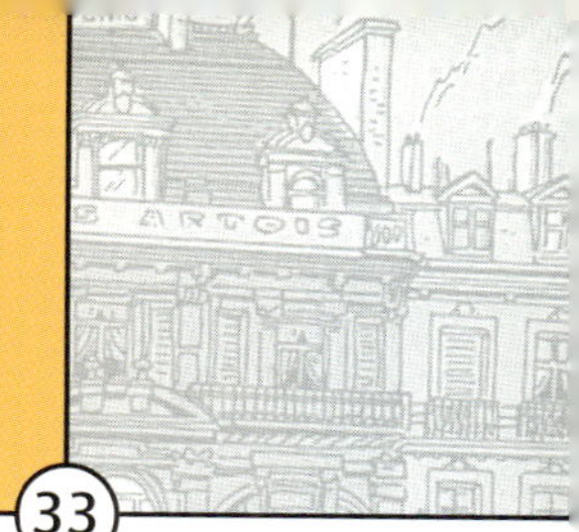

Sur votre gauche, vous pouvez observer une autre vue du boulevard Anspach.

Le Code Zimmerman nous présente une vue de la place de la Bourse en 1916. Une fois de plus, Francis Carin restitue le cadre de l'époque avec les tramways, le vendeur de journaux...

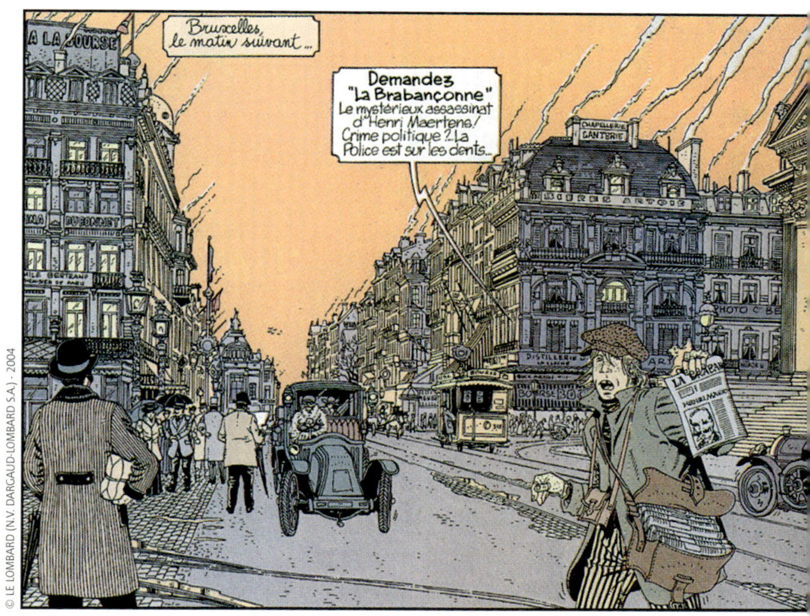

Le Code Zimmerman, l'Opéra de la mort, CARIN - RIVIÈRE - BORILE

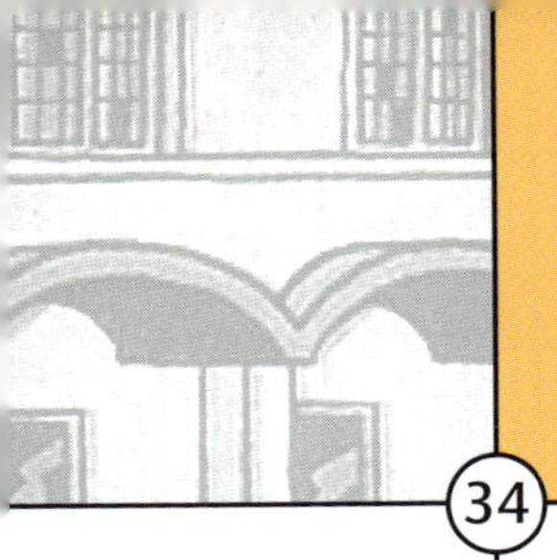

La salle de concerts « l'Ancienne Belgique » est sur votre gauche, au n° 110.

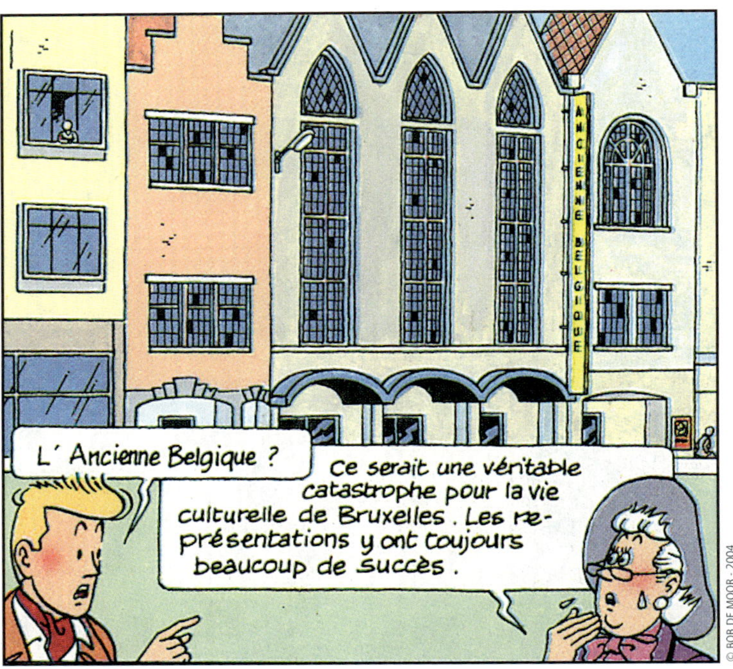

Les aventures de Barelli : Bruxelles bouillonne, Bob DE MOOR

Ci-dessus, Barelli et sa tante discutent de la possible disparition de « l'Ancienne Belgique ». Depuis la parution de l'album, cette vaste salle de concerts a été entièrement rénovée grâce au financement de la Communauté flamande. Des artistes internationaux ou locaux s'y produisent. Différents espaces et projets, ainsi qu'une assistance, leur permettent de rencontrer un large public.

Poursuivez votre chemin sur le boulevard Anspach. Au carrefour suivant, le Plattesteen, vous trouverez deux librairies-galeries : au n° 124, « Bulle d'Or », et au 126-128, « Multi BD ». Poursuivez votre chemin sur le boulevard, puis traversez la rue des Teinturiers.

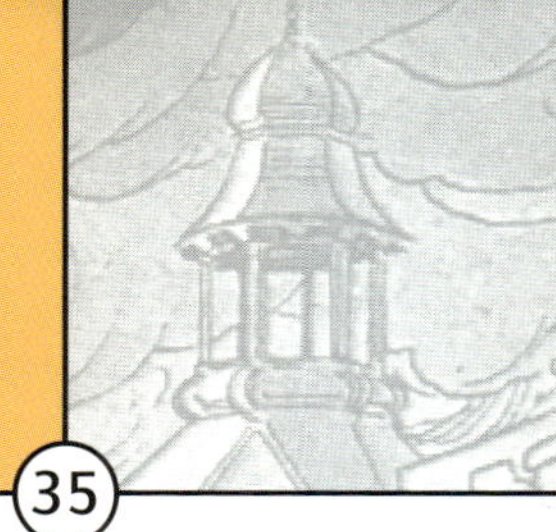

(35)

Les Cités obscures : Brüsel, SCHUITEN et PEETERS

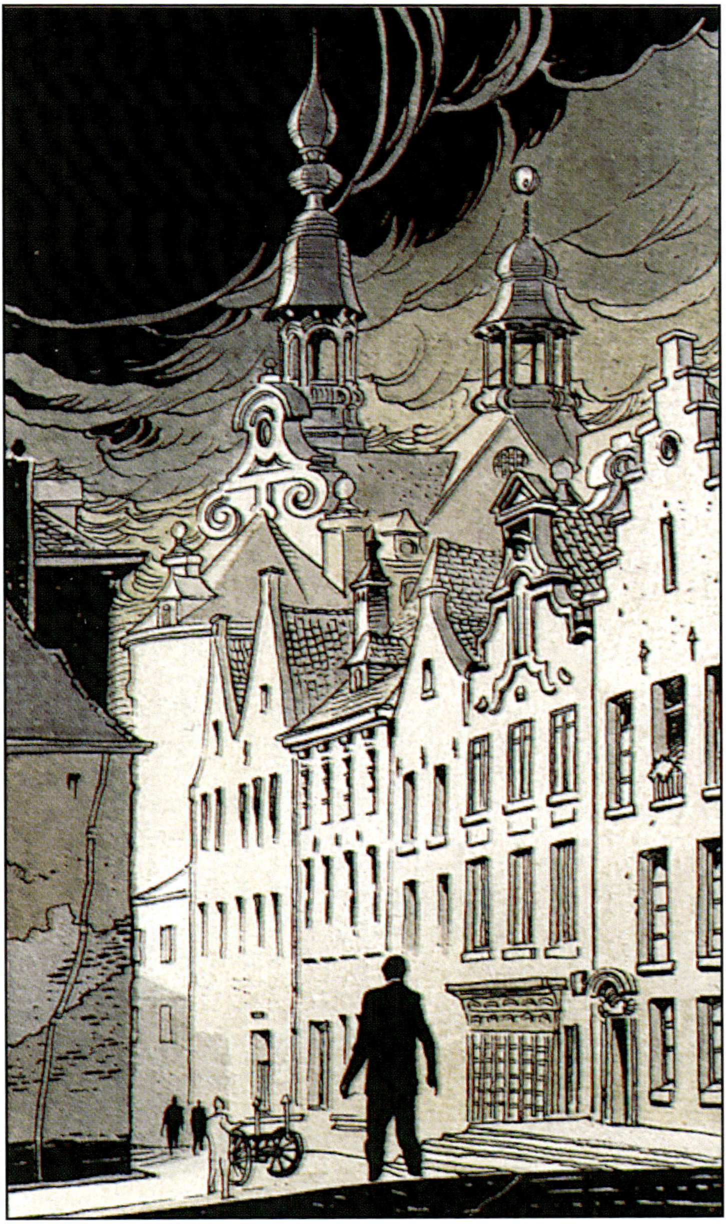

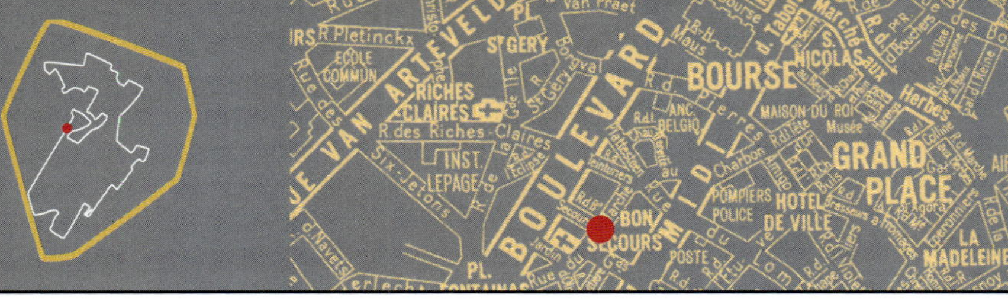

Sur votre droite, dans la rue perpendiculaire au boulevard, vous apercevez les deux clochers de l'église Notre-Dame-des-Riches-Claires, qui surplombent les maisons du quartier. Cette église du XVIIe siècle est typique du style baroque brabançon.

La série *Les Cités obscures* rend hommage aux grands architectes de ces derniers siècles. Le progrès et la science y occupent une place importante. Dans l'album *Brüsel*, la ville de Bruxelles constitue l'élément central de l'histoire. Promoteurs et politiciens s'acharnent à transformer la ville sans le moindre respect pour son passé, et à raser ses quartiers à dimension humaine. La Cité obscure, Brüsel, se construit. Une série de six aventures illustrent cette regrettable évolution.

Notre vignette, tirée de la première partie de l'album *Le plastique c'est chic*, met en scène un fleuriste, Constant, qui traverse les petites rues près des clochers de l'église des Riches-Claires. Constant, après maintes réticences, convertira son commerce en magasin de fleurs en plastique, qui ne nécessitent ni soin ni eau.

BENOÎT PEETERS
[1956]

Scénariste et romancier, Benoît Peeters travaille pour les médias et pour la bande dessinée. Il a publié différents recueils consacrés à l'œuvre d'Hergé, dont *Le Monde d'Hergé* et *La Bibliothèque de Moulinsart*, ainsi que des œuvres théoriques comme *Töppfer : l'invention de la BD*. En 1982, il scénarise le cycle des *Cités obscures* de François Schuiten, suivi de *Plagiat !*, dessiné par Alain Goffin. En 1996, il écrit *Architectures rêvées*, en hommage à l'architecte Victor Horta et à ses réalisations. En octobre 2001, il réalise la première projection cinématographique de *L'Affaire Desombres*, un véritable périple dans les *Cités obscures*.

Sur votre gauche, la fresque *Ric Hochet* de Tibet.
Le commissaire Bourdon sort de chez lui avec son chien. Il est surpris de voir Ric Hochet suspendu à la corniche. De l'endroit où il se trouve, le commissaire ne voit pas le meurtrier entrer dans la pièce du premier étage, et ne peut donc pas comprendre pourquoi Ric Hochet tente d'atteindre la fenêtre. Tibet a choisi de prolonger la façade de la maison voisine comme cadre de l'action, ce qui permet une intégration totale de la fresque dans la rue du Bon-Secours.

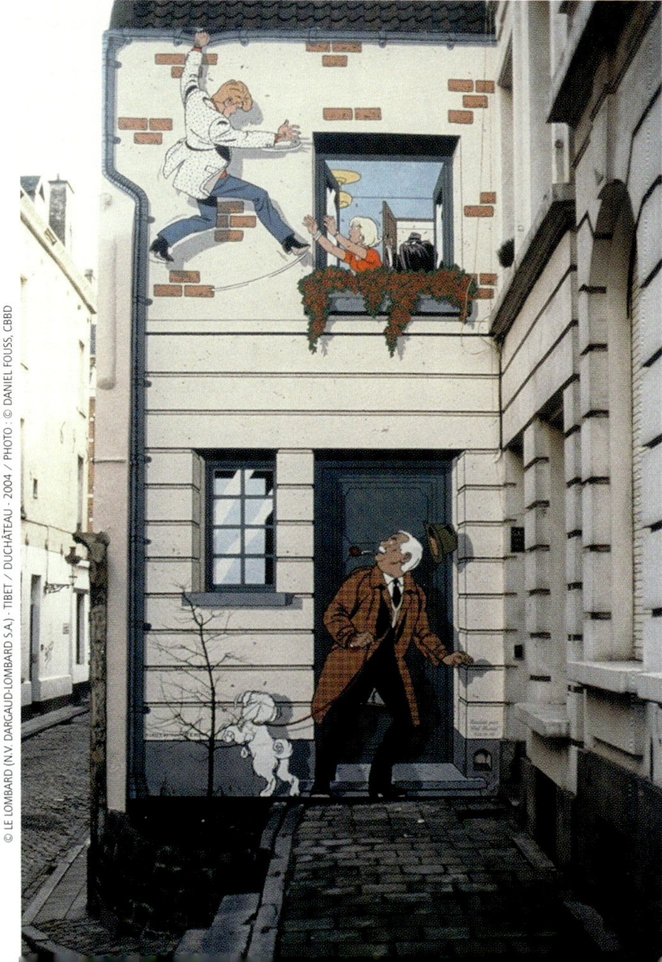

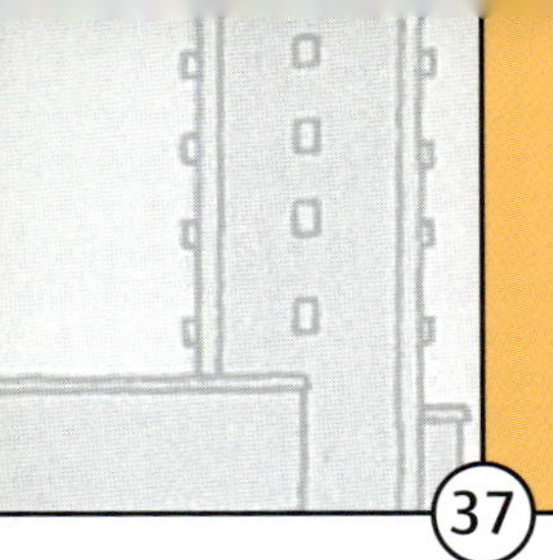

De Moor et Jacobs ont tous deux dessiné l'ancienne gare du Midi.

Dans *Bruxelles bouillonne*, Barelli et sa tante se rendent à la gare du Midi un dimanche, jour de marché. La gare est représentée sous la forme qu'elle avait jusqu'au début des années 90. Elle a été complètement réaménagée depuis pour accueillir le TGV. Bob De Moor souligne le côté multiculturel du quartier.

Autre représentation de l'ancienne tour de la gare du Midi, dans *Le mystère de la grande pyramide*. Cette aventure de Blake et Mortimer commence au Caire, où le conservateur du musée découvre des fragments de

Les aventures de Blake et Mortimer : Le mystère de la grande pyramide (tome I), Edgar P. JACOBS

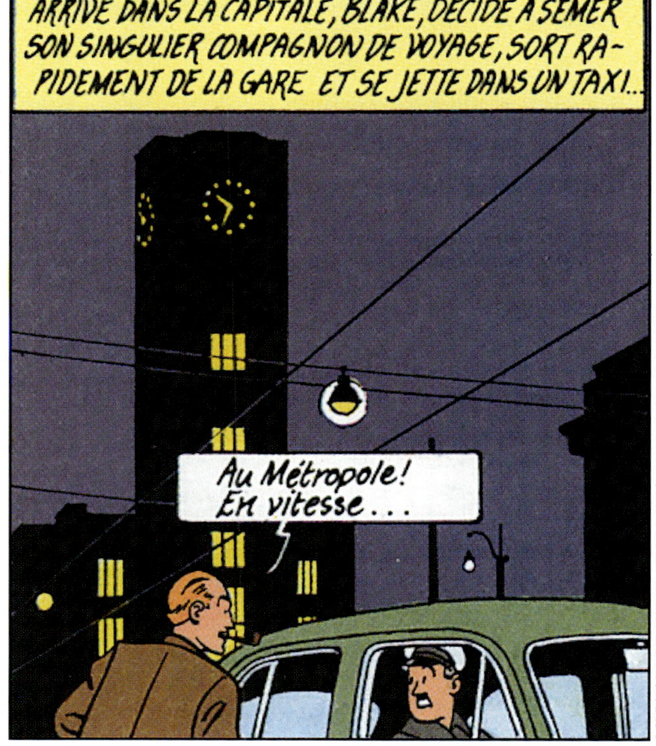

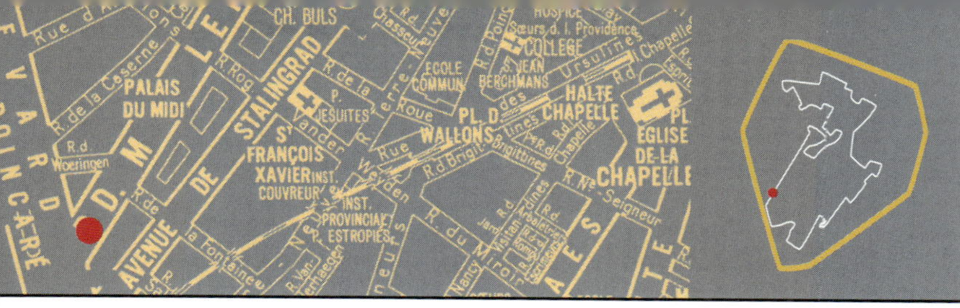

Les aventures de Barelli : Bruxelles bouillonne, Bob DE MOOR

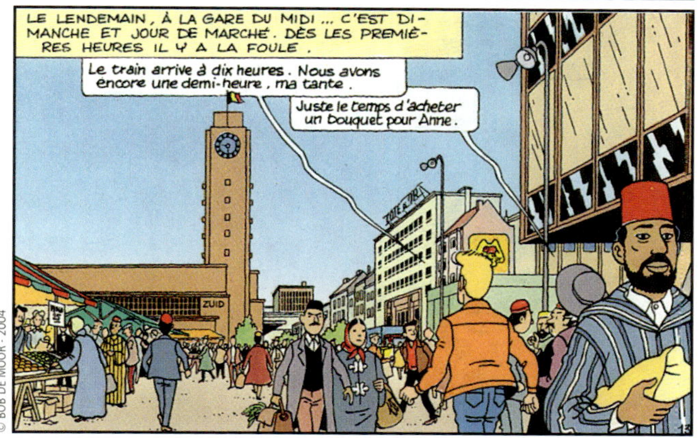

papyrus qui permettraient de retrouver le trésor funéraire d'Akhnaton. Le conservateur invite le professeur Mortimer à l'aider à déchiffrer sa trouvaille. Mais ce trésor attise la convoitise de trafiquants d'antiquités comme Olrik. De multiples péripéties au musée et chez un antiquaire mettent en danger la vie de Mortimer. Celui-ci, après avoir raté l'arrestation d'Olrik et perdu la collaboration de la police locale, fait appel à son ami de Scotland Yard, le capitaine Blake. C'est ainsi que celui-ci s'embarque sur le ferry en direction d'Ostende et prend ensuite le train pour rejoindre Bruxelles. À la gare du Midi, il saute dans un taxi pour l'hôtel Métropole où il séjournera avant de vivre diverses aventures au cours de son escale suivante, à Athènes.

EDGAR PIERRE JACOBS
[1904-1987]

Scénariste et dessinateur, E.P. Jacobs se passionne très vite pour le dessin et la musique. Dès 1944, Hergé lui confie la mise en couleur de certains de ses albums : *Tintin au Congo*, *Tintin en Amérique*, *Le temple du soleil* et *Les sept boules de cristal*. Cette collaboration lie les deux hommes d'amitié. En 1946, Hergé l'invite à participer au lancement du journal *Tintin*. Par la suite, E.P. Jacobs écrira plusieurs aventures, dont *Le mystère de la grande pyramide*, *La Marque jaune*, *SOS météores*, etc.

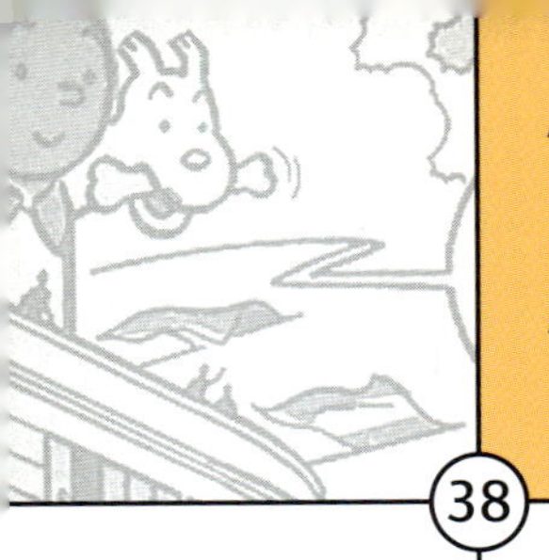

38

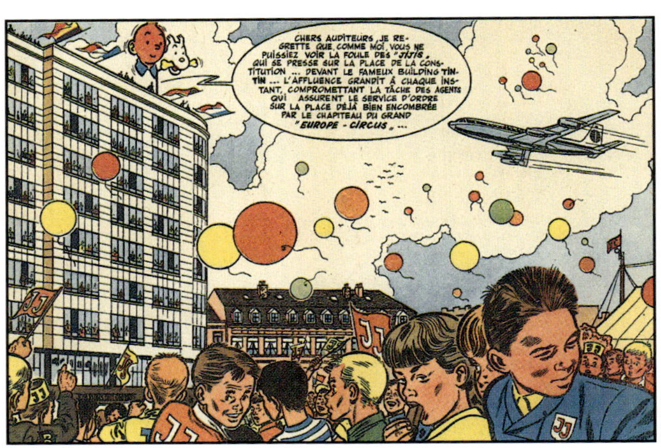

© REDING

Jari et le plan Z-Une histoire du journal Tintin, REDING

Jari et Jimmy Torrent, deux jeunes champions de tennis, sont de passage à Bruxelles pour une interview au building Tintin. Une foule nombreuse les y attend, tout en écoutant un présentateur radio émettre son reportage à partir du toit de l'immeuble, sous la gigantesque tête de Tintin. Dès le lendemain matin, Jari et Jimmy se rendent à la côte belge où ils doivent réaliser un film de propagande tennistique. Là, ils se retrouvent au cœur d'une affaire de faux-monnayeurs. La représentation de l'immeuble des Éditions du Lombard est exploitée comme point de départ de l'histoire, comme lieu d'action. Avant de sortir aux Éditions du Lombard, l'aventure de *Jari et le plan Z* parut dans le journal Tintin.

RAYMOND REDING
[1920]

Dessinateur et scénariste, Raymond Reding commence à réaliser des planches pour *Récréation*, un complément du quotidien belge *La Dernière Heure*. Il travaille ensuite au journal *Tintin*. Passionné de sport, il se spécialise dans les bandes dessinées à thématique sportive avec des héros comme Vincent Larcher, footballeur talentueux, et Jari, joueur de tennis de premier ordre.

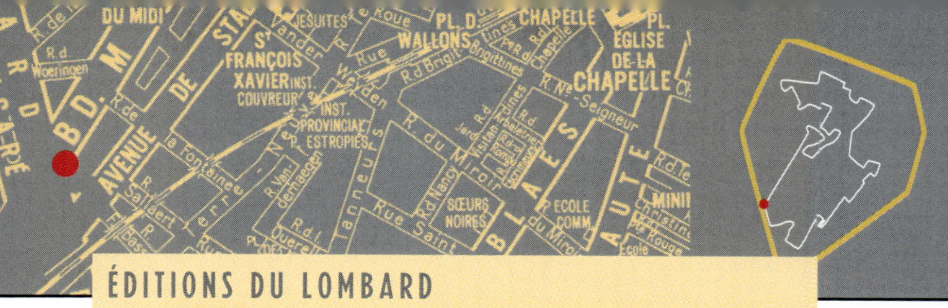

ÉDITIONS DU LOMBARD

Sous l'impulsion de l'éditeur Raymond Leblanc, les Éditions du Lombard sont nées en 1946, à la sortie des premiers numéros du journal *Tintin*. Très vite, le Lombard se fait une place sur le marché de l'édition de BD et devient un passage quasi incontournable pour les dessinateurs et scénaristes belges et même étrangers. Au début, les Éditions du Lombard ne publient que des histoires au sein du journal *Tintin*. Suite à la demande croissante des lecteurs, elles se lancent dans la publication d'histoires complètes.

Les objectifs des Éditions du Lombard sont, dès le début, de « créer des héros attachants et défendant des valeurs positives », de « diffuser des séries de bandes dessinées captivantes, propres à divertir le plus grand nombre », et de « procurer de l'évasion et de la détente à tous les jeunes bédéphiles de 7 à 77 ans ».

À l'heure actuelle, les Éditions du Lombard comptent plus de 800 titres constituant près de 50 séries en tous genres, réparties dans des collections de prestige telles que « Signé », « 3ᵉ vague Lombard », « 3e degré Lombard », ou encore « Polyptyque » ou « Petits Délires ». Parmi les héros édités par le Lombard, citons Thorgal, Ric Hochet, Léonard, Yakari, les Schtroumpfs, Alpha, Vlad, Koda, l'élève Ducobu, etc.

ÉDITIONS DARGAUD

Georges Dargaud fonde les Éditions Dargaud en 1943. Groupe de distribution et de presse au départ, Dargaud va ensuite se diversifier fortement. En 1960, il rachète le magazine *Pilote*, créé quelques mois plus tôt par des auteurs indépendants qui feront la gloire de la maison en lançant des séries best-sellers comme *Astérix*, *Blueberry* ou *Tanguy et Laverdure*... Dès 1961, Dargaud se lance parallèlement dans la production d'albums.

Après le premier *Astérix*, tiré à 6 000 exemplaires, paraissent les premiers numéros de séries qui feront le tour du monde et populariseront la bande dessinée. D'*Achille Talon* à *Iznogoud*, de *Valérian* à *Blueberry*, de *XIII* à *Blake et Mortimer*, de *Fred* à *Boule et Bill*, de *Lucky Luke* à *Pin-Up*..., Dargaud offre un merveilleux voyage dans ce pays merveilleux qui s'appelle l'imaginaire.

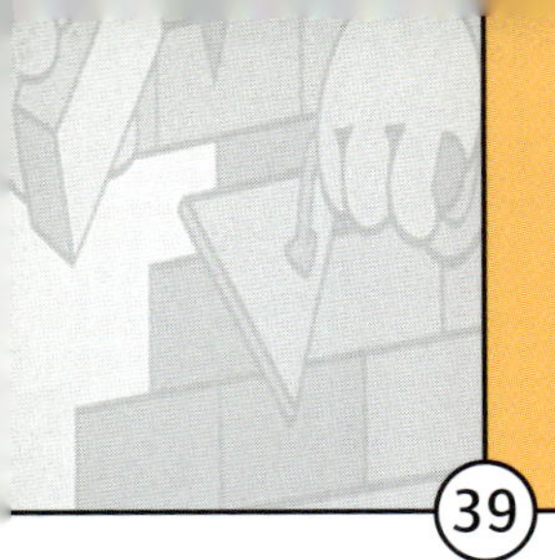

39

À 100 mètres, sur le boulevard (à main gauche), vous découvrez la fresque *Le Chat*, de Philippe Geluck.

Elle se veut une intégration imagée dans le bâti de la ville. D'une part, le Chat épouse les formes du mur de la maison et, d'autre part, il joue le rôle du « *Schieven Architek* » (expression du quartier des Marolles signifiant l'architecte fou, aux projets démesurés) en se bâtissant lui-même brique par brique.

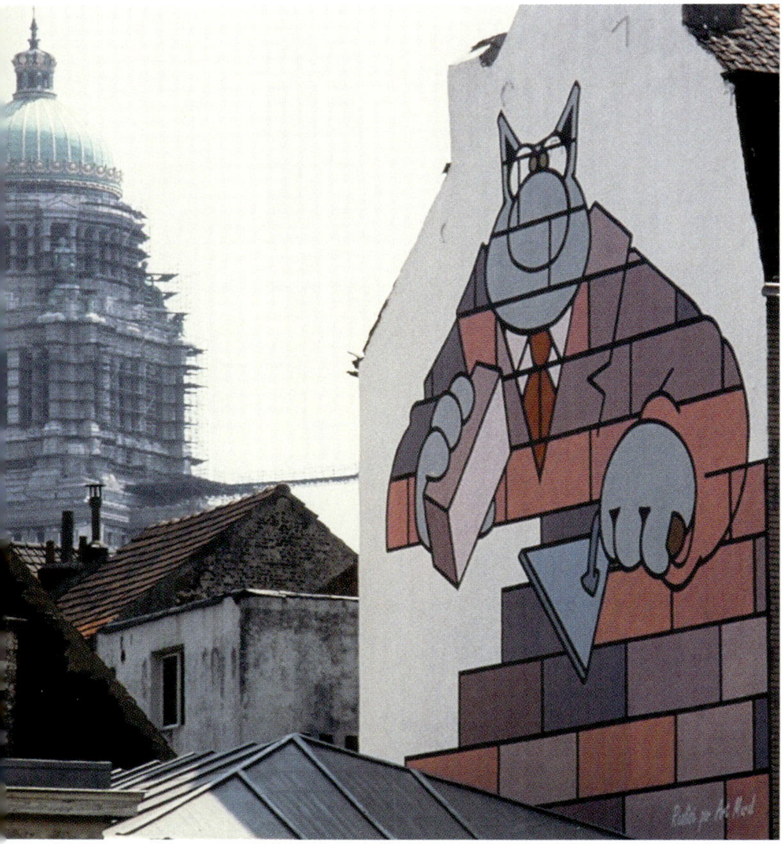

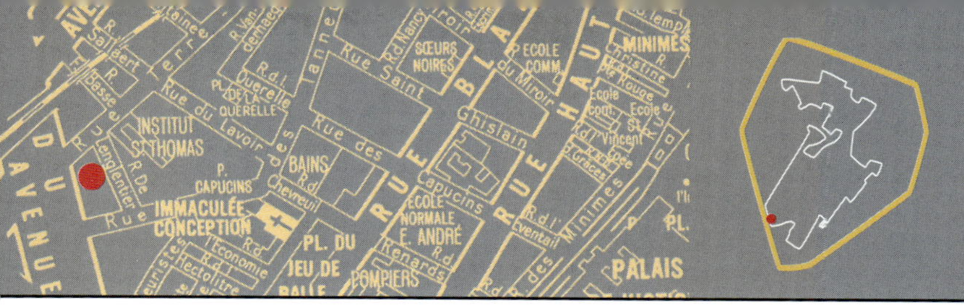

PHILIPPE GELUCK
[1954]

Philippe Geluck est scénariste, dessinateur et comédien. Après des études de comédien à l'INSAS, à Bruxelles, il entame sa carrière sur les planches en 1975. Trois ans plus tard, il inaugure sa collaboration avec la RTBF. Celle-ci durera vingt et un ans et engendrera plus de 1 500 émissions dont « Lollipop », « L'Esprit de famille » et « le Jeu des dictionnaires », qui donnera naissance au *Docteur G répond à vos questions*. Le célèbre *Chat*, quant à lui, est né en 1982, sur le carton de remerciement que Philippe Geluck avait envoyé aux invités venus à son mariage. Depuis lors, *Le Chat* illustre les pages du journal *Le Soir*, ainsi que celles de la presse française et européenne en général. Un total de onze albums a déjà été publié aux Éditions Casterman. Depuis 1992, Philippe Geluck occupe les ondes de la radio française. On peut l'entendre aussi sur Europe 1 et le voir sur France 2 dans les émissions « Vivement dimanche prochain » de Michel Drucker et « On a tout essayé » de Laurent Ruquier.

40

Vous pouvez admirer à votre droite la fresque *Boule et Bill* de Roba.
Boule, un petit garçon facétieux, vit aux côtés de ses parents en
compagnie de son chien et ami Bill. La fresque représente Boule et
Bill revenant de la place du Jeu de Balle par la rue du Chevreuil.
Roba met davantage l'accent sur l'ambiance que sur une reconsti-
tution fidèle du cadre.

ROBA
[1930]

Dessinateur et scénariste, Roba débute
comme dessinateur publicitaire. Il travaille ensuite pour le journal *Spirou*, où
paraissent en 1957 les premières histoires
de Boule et Bill sous la forme de mini-
récits et de gags en une planche. Il rejoint
les Éditions Dargaud en 1987. Roba nous
entraîne dans les aventures de la vie quo-
tidienne d'une famille en milieu péri-
urbain. À l'aide de ses personnages, le
père gaffeur et bricoleur, la mère de
famille exemplaire, le fils Boule et le chien
Bill, Roba nous transmet des gags tirés de
la vie de tous les jours.

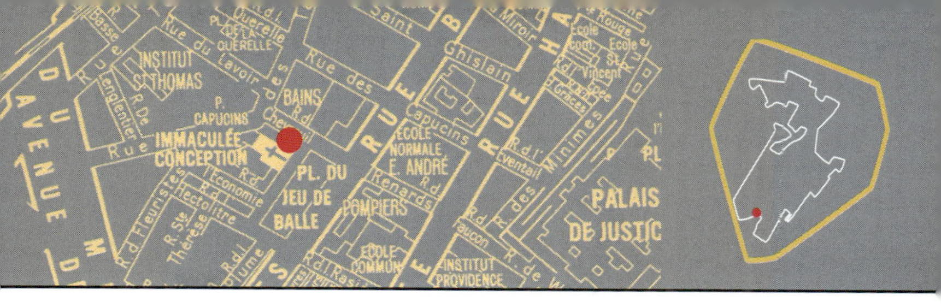

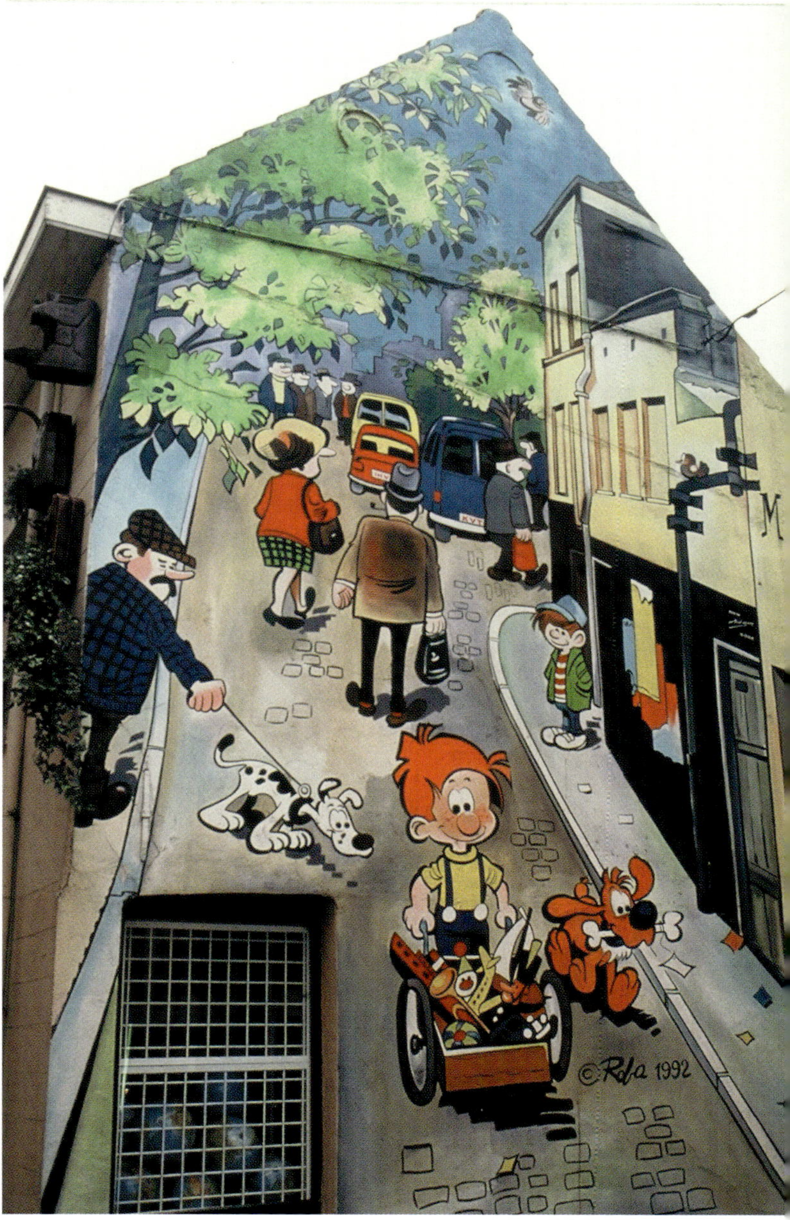

INSTITUT St THOMAS
IMMACULÉE CONCEPTION
P. CAPUCINS
PL. DU JEU DE BALLE
POMPIERS
ÉCOLE NORMALE E. ANDRÉ
ÉCOLE COMMUN
INSTITUT PROVIDENCE
PALAIS DE JUSTIC

© Roba 1992

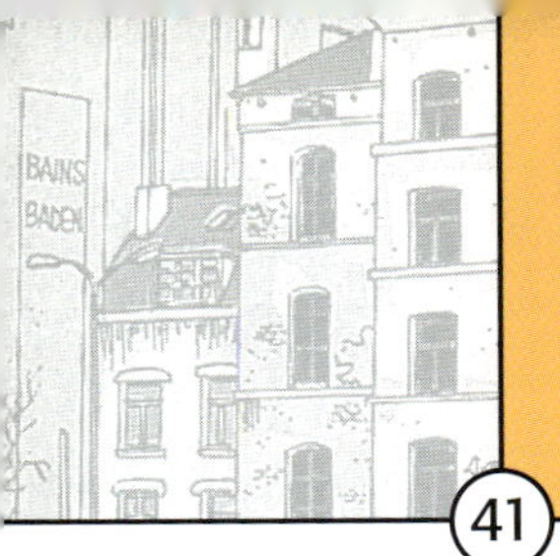

Les aventures de Tintin : Le secret de la Licorne, HERGÉ

Quatre dessinateurs proposent des mises en scène très différentes de la place du Jeu de Balle. Toutefois, l'ambiance du « Vieux marché » se retrouve dans chacune d'elles.

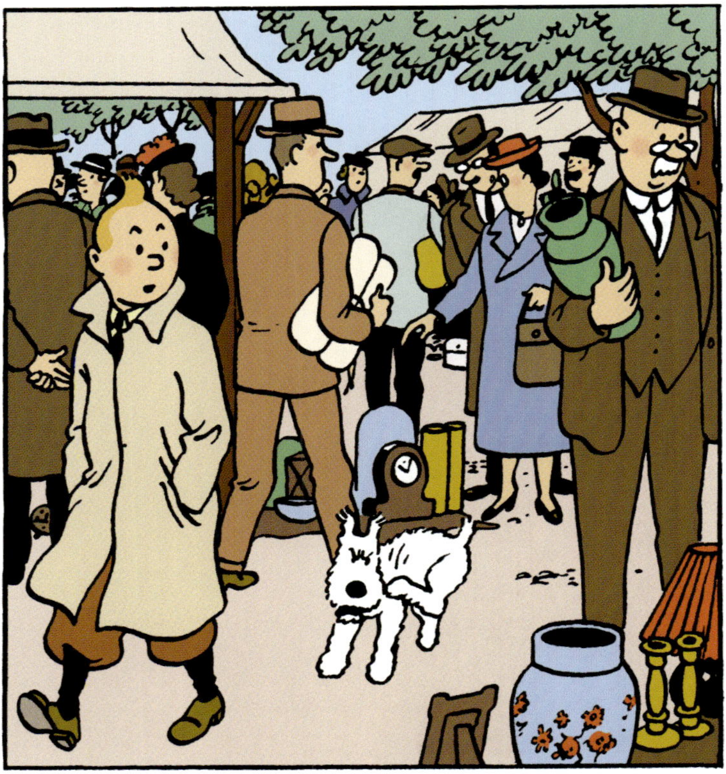

Hergé ne donne aucun élément de décor qui permette au lecteur de localiser son héros place du Jeu de Balle. Il précise le lieu dans le texte uniquement (dans un cadre, dans la partie supérieure d'une vignette de la même planche). Hergé privilégie l'ambiance, laissant ainsi à Tintin son côté international. Dans *Le secret de la*

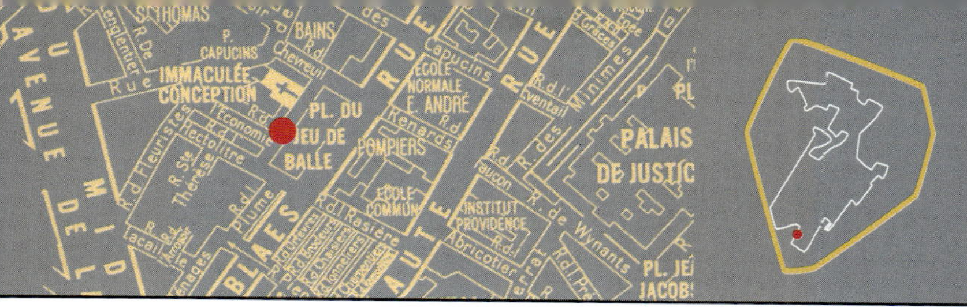

Licorne, Tintin se promène avec Milou sur la place du Jeu de Balle. Après avoir rencontré Dupont et Dupond, il découvre une maquette de bateau et l'achète pour le capitaine Haddock. Rentré chez lui, il pose l'objet mais Milou le fait tomber et en casse le mât

HERGÉ
[1907-1983]

Scénariste et dessinateur, Hergé peut être considéré comme l'un des piliers de la bande dessinée européenne. Il donne à travers son œuvre un reflet de son époque. Son pseudonyme est fait des initiales de son prénom et de son nom, Rémy Georges (Hergé). Sa carrière débute en 1928 quand il est nommé rédacteur en chef du premier numéro du *Petit Vingtième*, le supplément hebdomadaire du journal *Le Vingtième Siècle* destiné à la jeunesse. C'est en 1929 que commencent les aventures de *Tintin au Pays des Soviets* dans un numéro du *Petit Vingtième*. Les trois premiers albums (*Tintin au Pays des Soviets*; *Tintin au Congo*, *Tintin en Amérique*) sont publiés aux éditions du *Petit Vingtième* à partir de 1930. En 1934, Casterman obtient l'exclusivité de la publication des aventures de Tintin. En 1930, les premières histoires de *Quick et Flupke* sont parues dans le *Petit Vingtième*. Elles ne seront publiées sous la forme d'albums que des années plus tard. Hergé rencontre en 1934 le jeune Chinois Tchang Tchong-Jen, un étudiant de l'Académie des Beaux-Arts de Bruxelles, qui lui fera comprendre la nécessité de se documenter davantage sur les pays étrangers auxquels il fait référence. Jusqu'à sa mort, Hergé reste actif dans le milieu de la BD et continue à inspirer de nombreux jeunes dessinateurs.

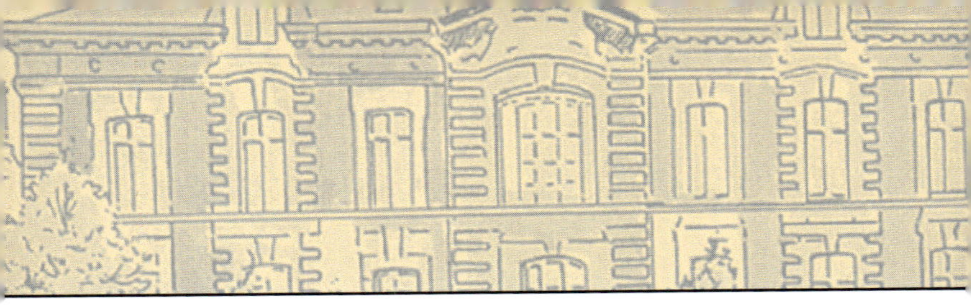

central. Le capitaine découvrira que la maquette est la reproduction de *La Licorne*, vaisseau que commandait son ancêtre, le chevalier Haddock, sous le règne de Louis XIV. Après s'être absenté, Tintin retrouve son appartement sens dessus dessous et remarque qu'on ne lui a volé que la *Licorne*. En rangeant, il tombe sur un vieux parchemin qui détient une partie du secret de la *Licorne*.

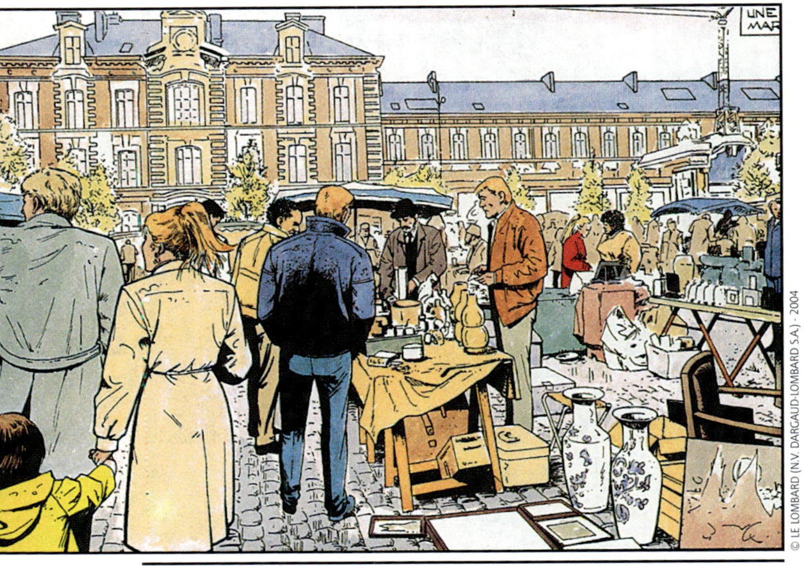

Une aventure de Bob Morane : Snake, CORIA et VERNES

Coria, dans *Snake*, offre une vision très réaliste de la place du Jeu de Balle, tant au niveau de l'ambiance que de l'architecture de la caserne des pompiers.

Dans *Bruxelles bouillonne*, Barelli et l'inspecteur discutent du script volé (cf. point 16) tout en traversant la place du Jeu de Balle. Ils y trouveront par hasard une ancienne version de ce texte. En arrière-plan, Bob De Moor donne une vision proche mais simplifiée de

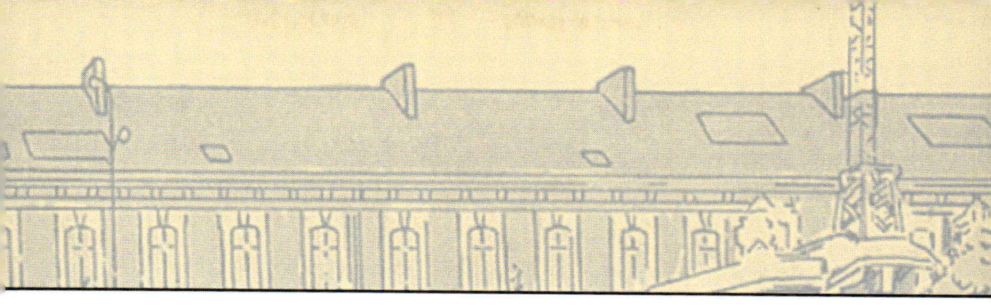

l'église de l'Immaculée Conception. Sur ce dessin, ni l'horloge, ni les cloches ne sont représentées et le vitrail central est simple alors qu'il est double dans la réalité.

Les aventures de Barelli : Bruxelles bouillonne, Bob DE MOOR

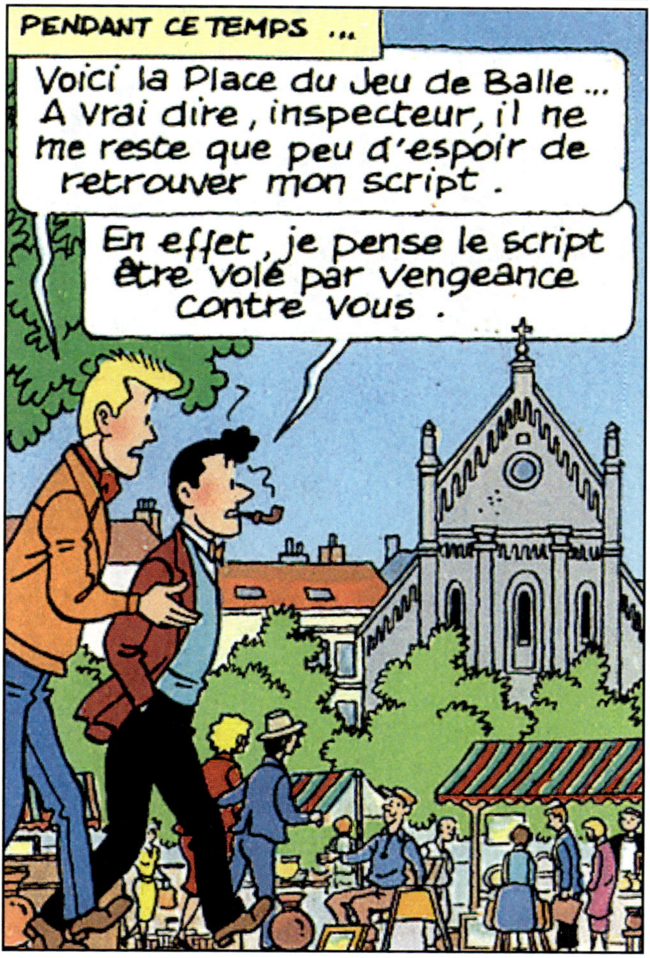

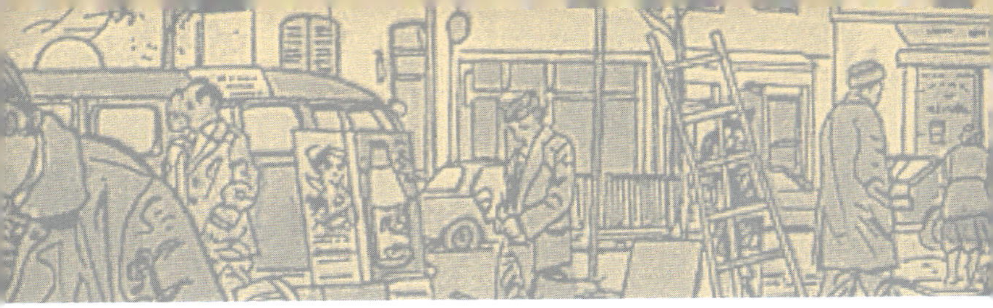

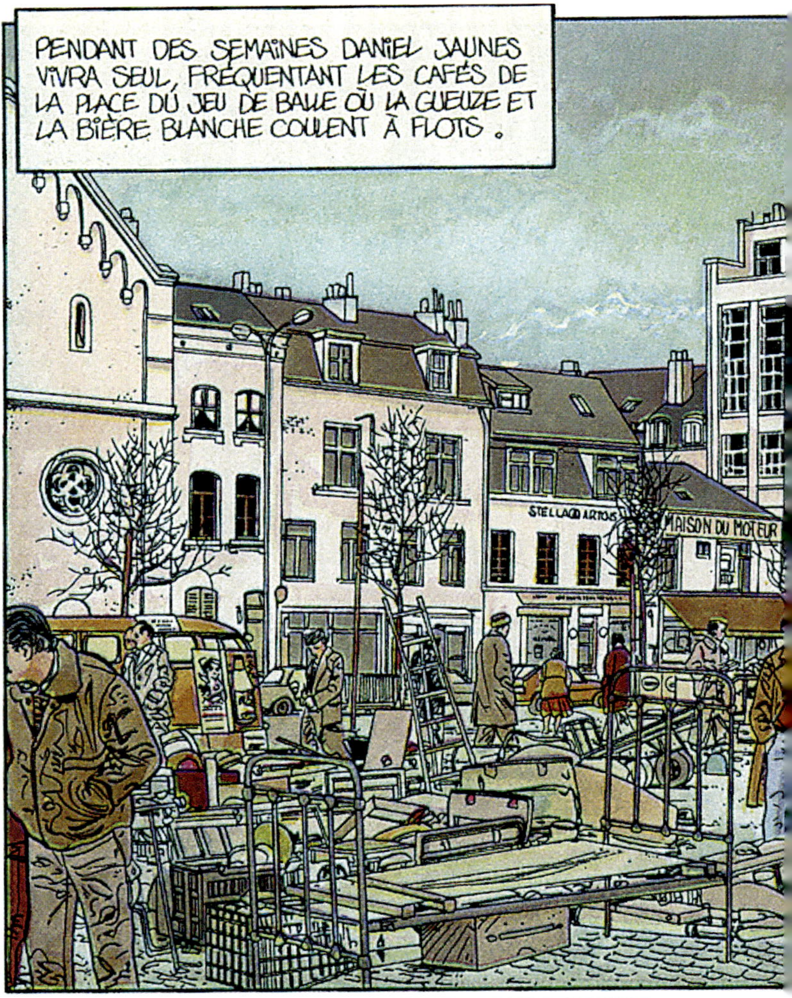

Jaunes : Le transfert slave, BUCQUOY - TITO

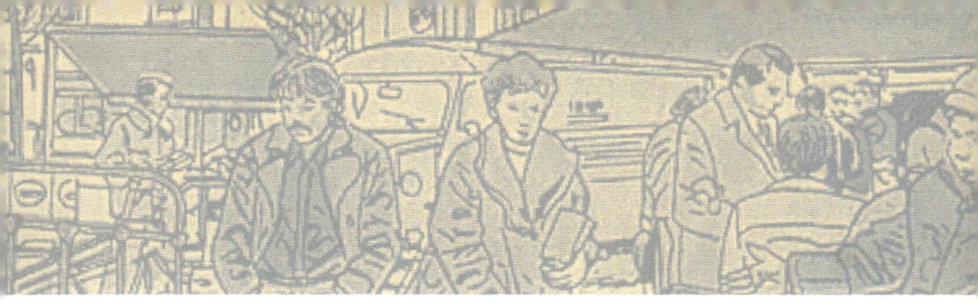

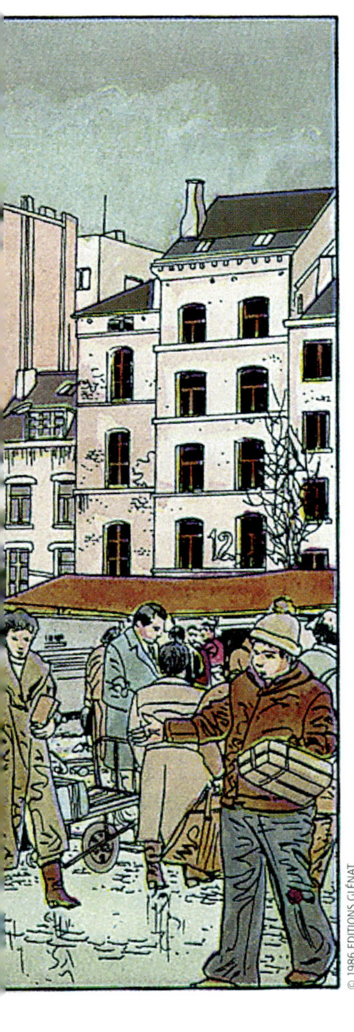

Dans *Le transfert slave*, l'inspecteur Daniel Jaunes, toujours démis de ses fonctions, passe ses journées dans les cafés de la place du Jeu de Balle. L'angle de la place d'où vous venez y est représenté de manière détaillée et précise. Un matin, l'inspecteur y rencontre Maria, une de ses anciennes amies, qui y a installé son cabinet médical. Il s'évanouit sous l'effet de l'alcool et de la fatigue. Maria l'emmène chez elle. Au cours de leur discussion, elle lui parle de son compagnon, un jeune Tchèque président de l'Union tchécoslovaque de la Jeunesse, auquel il est interdit de quitter son pays pour la rejoindre. À ce moment-là, Daniel Jaunes ignore encore que, lors de sa mission suivante, il sera en relation avec l'ami de Maria (cf. résumé au point 7).

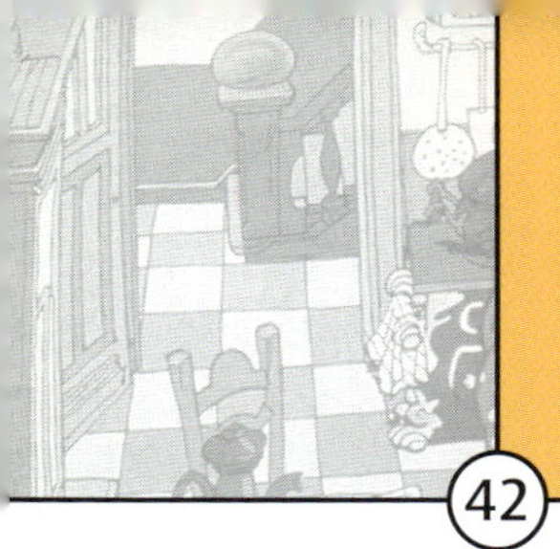

TRAVERSEZ LA PLACE DANS LE SENS DE LA LONGUEUR
ENGAGEZ-VOUS DANS LA RUE DE LA PLUME (RUE D
MILIEU). AU CARREFOUR EN T, PRENEZ À GAUCHE LA RU
PIEREMANS.

42

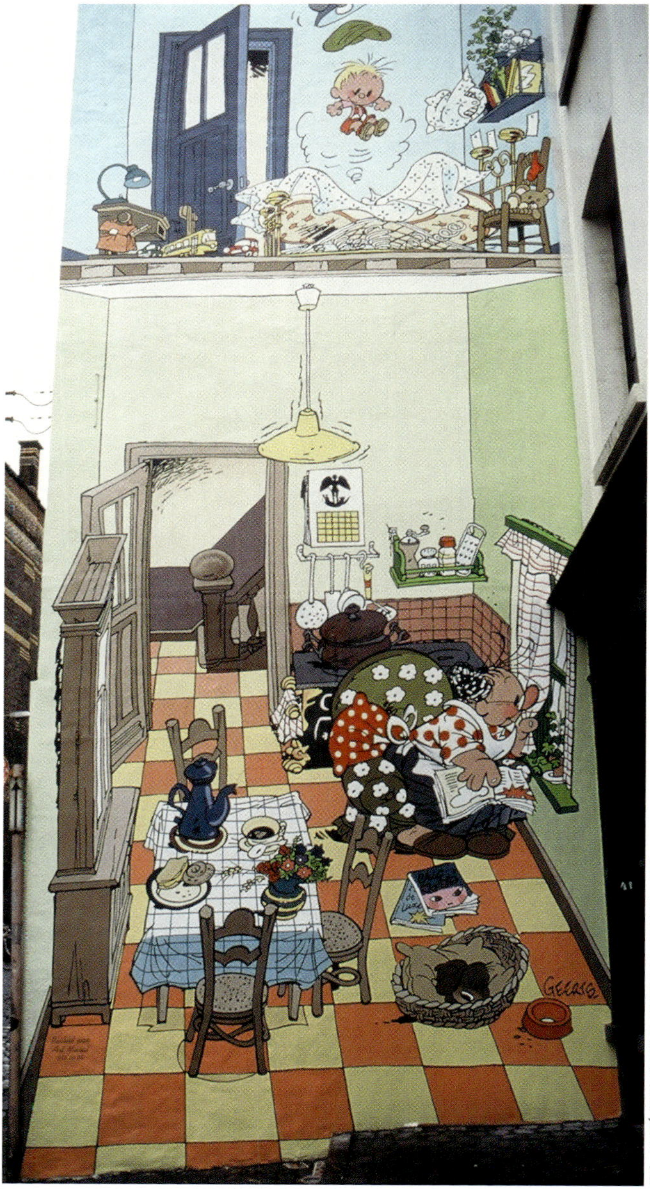

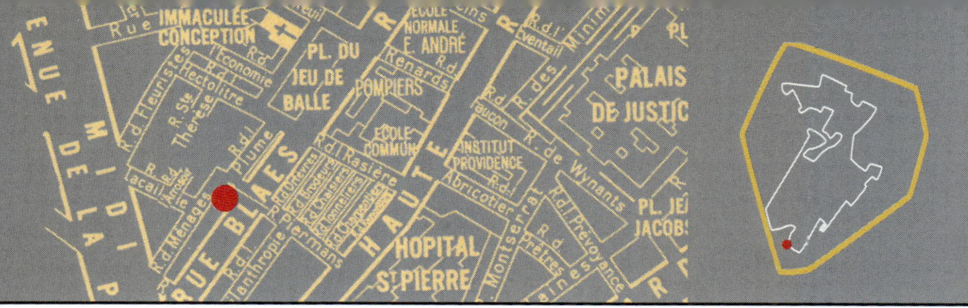

Sur votre droite, la fresque de *Jojo*, réalisée par Geerts.

Elle représente la coupe d'une maison : « Mamy » est dans la cuisire, au rez-de-chaussée, et Jojo et son ami Gros Louis jouent dans la chambre, au premier étage. Geerts a intégré au décor plusieurs éléments de Bruxelles : dans la cuisine, le calendrier arbore saint Michel terrassant le dragon ; dans la chambre, l'Atomium est sur l'étagère, et un petit tram bruxellois traîne au sol.

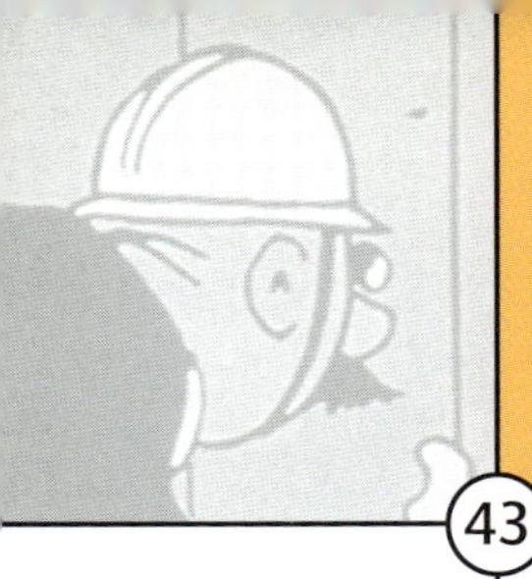

Quick et Flupke, les « ketjes » de Bruxelles, animent un des quartiers les plus typiques de la ville, les Marolles, où ils font les quatre cents coups. Dans son uniforme des années 30, le policier de quartier, l'agent 15, en subit d'ailleurs souvent les conséquences. Contrairement aux autres héros de Hergé, les gamins ne voyagent pas et ne sont pas plongés au cœur de grandes aventures. Le théâtre de leurs exploits se limite aux rues de Bruxelles, à une école, un terrain vague ou un jardin public. Cette toile de fond toute simple ne freine en rien leur forte personnalité. Quick et Flupke sont des personnages imaginatifs, d'ingénieux bricoleurs qui débordent de bonne volonté, même s'ils deviennent souvent victimes de leur altruisme.

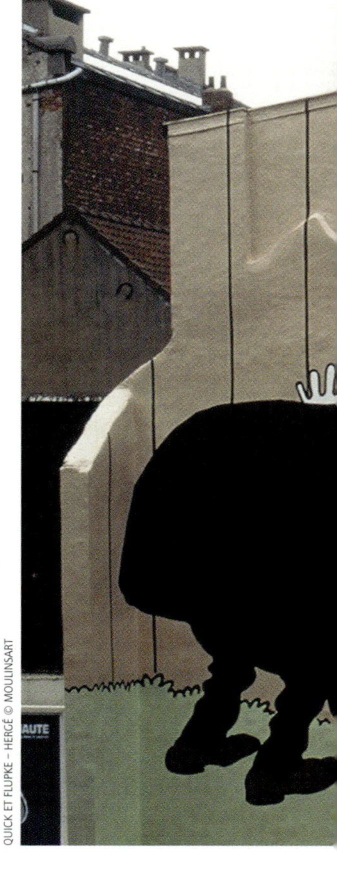

QUICK ET FLUPKE – HERGÉ © MOULINSART

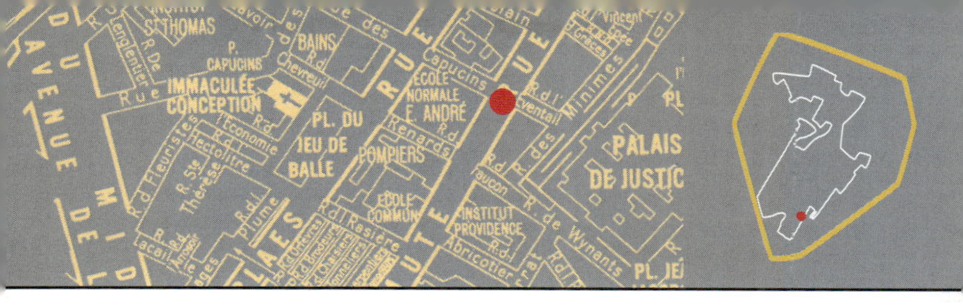
ST.THOMAS
AVENUE DU MIDI
IMMACULÉE CONCEPTION
P. CAPUCINS
BAINS
PL. DU JEU DE BALLE
ÉCOLE NORMALE E. ANDRÉ
POMPIERS
ÉCOLE COMMUNE
INSTITUT PROVIDENCE
Capucins
PALAIS DE JUSTICE
PL.

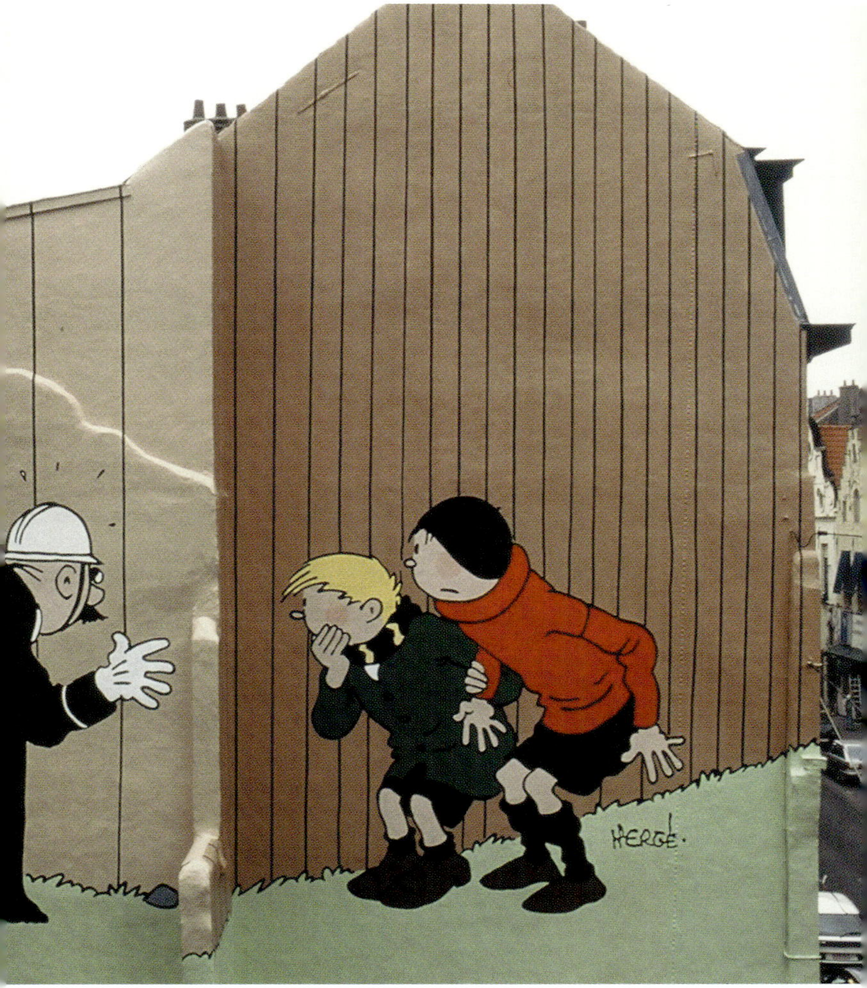

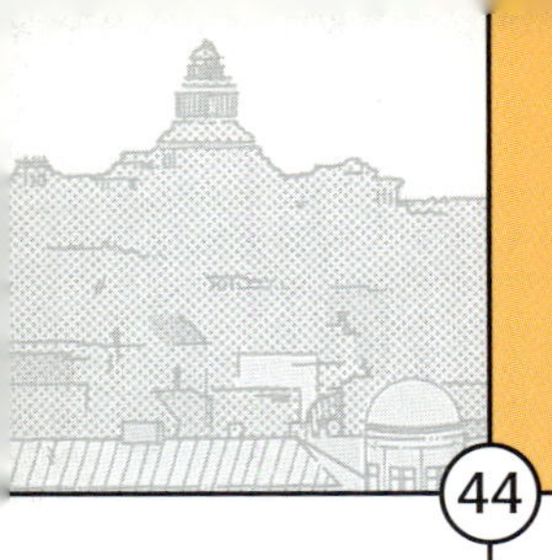

Poursuivez votre chemin. À 500 mètres, sur votre droite, se trouve le square Breughel l'Ancien. Traversez-le. Lorsque vous arriverez à l'autre bout du square, empruntez la rue des Minimes à votre droite et montez les rampes qui mènent au pied du Palais de Justice. Vous pouvez aussi vous y rendre

44

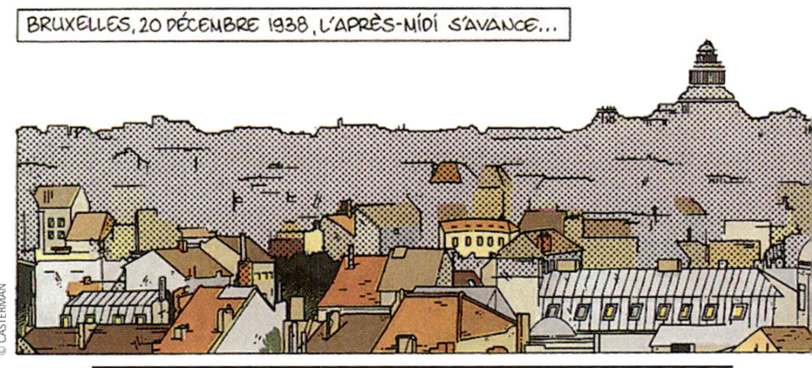

Le réseau Madou, GOFFIN et RIVIÈRE

De là-haut, vous bénéficiez d'une vue impressionnante sur Bruxelles.

Dans *Le réseau Madou*, c'est une vue de Bruxelles qui sert d'introduction pour situer l'époque et le lieu de l'action. L'histoire se déroulant en 1938, les grands immeubles construits à partir des années 60 n'y sont bien sûr pas représentés. Le héros, Thierry Laudacieux, est un grand amateur de bandes dessinées. Il reçoit d'un ami, Isidore Hogier, le chef du réseau de contre-espionnage Madou, la dernière bande dessinée de Nick et Rudy, dessinée par Eddy Morgan pour le journal *Le Soir*. Préparant son camp scout, il apprend dans le manuel du parfait éclaireur à pister et traquer les ennemis, et à décoder des messages. Il s'aperçoit ainsi que les bandes dessinées publiées dans *Le Soir* sont codées. Il en informe Isidore Hogier, qui démantèlera le réseau.

ALAIN GOFFIN
[1956]

Dessinateur et scénariste, Alain Goffin a suivi sa formation à l'atelier de bande dessinée de l'Institut Saint-Luc à Bruxelles. En 1981, il réalise la série *Thierry Laudacieux* avec le scénariste François Rivière. Il dessine *Plagiat !* en 1989, sur base d'un scénario de François Schuiten et Benoît Peeters.

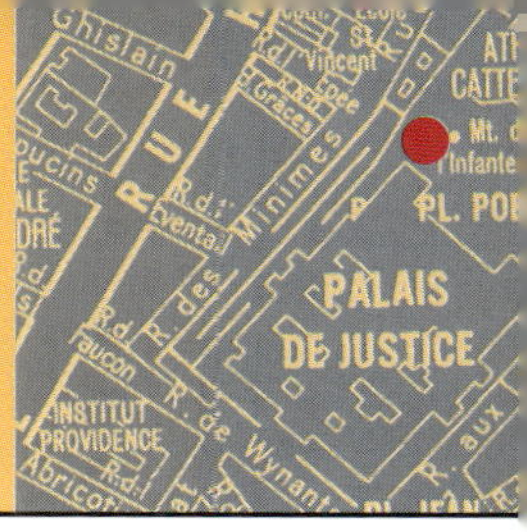

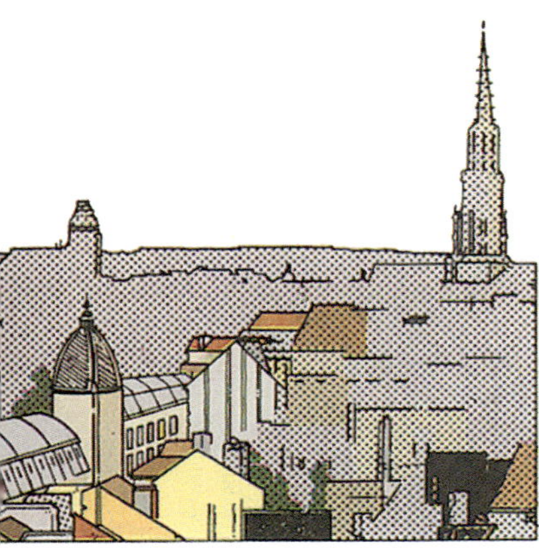

Gord, à la recherche de son amie Abbla, se rend au « pajuju », le Palais de Justice, où elle aurait été livrée par « Flipper », le trafiquant d'armes, à son ennemie, « la fêlée ». Il la retrouve et la libère. Ils grimpent au sommet du Palais de Justice et fuient en Deltaplane vers la Grand-Place, où ils trouvent un refuge provisoire dans la tour de l'Hôtel de Ville. Malgré le côté futuriste qu'il donne à cette BD, Franz y restitue les monuments sous l'angle où vous les voyez. À droite de « la fêlée », vous distinguez la Grand-Place inondée, la tour de l'Hôtel de Ville qui émerge et la Maison du Roi presque submergée. Dans l'axe du Deltaplane se dessine la basilique de Koekelberg.

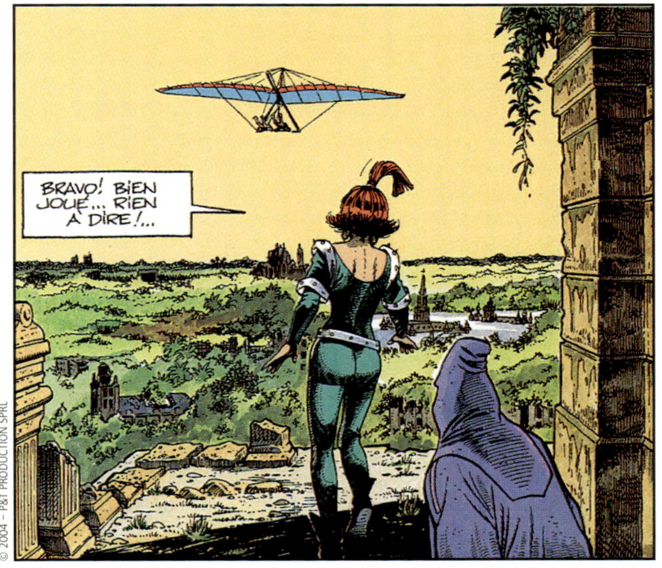

Gord, *Le spit du Snack*, FRANZ et DENAYER

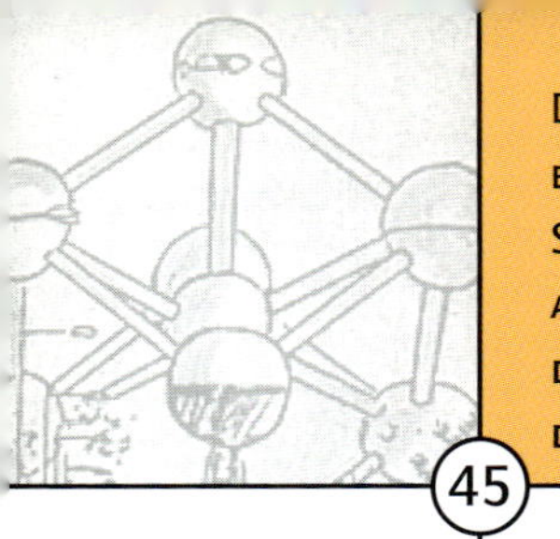

Atomium 58 est le troisième tome de *L'inconnu de la Tamise*. En 1958, Bruxelles se prépare à recevoir le monde entier à son Exposition universelle. Pendant que s'achève la construction de l'Atomium, un groupe d'archéologues et de journalistes cherchent le trésor et les fortifications des Incas au Pérou. Arrêtés par un groupe de terroristes qui organisent des attentats en Europe, ils sont enfermés dans un sordide cachot au milieu de la jungle amazonienne. Ayant découvert que la cible suivante est l'Atomium, ils tentent de s'échapper par tous les moyens. Ils rejoignent finalement l'Europe en DC3. À Bruxelles, une liste de terroristes est découverte et l'explosion sera évitée avant l'arrivée du roi grâce à une ultime intervention.

Au début de *Ordre nouveau ?*, l'inspecteur Daniel Jaunes vient de perdre sa mère et demande au rabbin de venir la bénir. En sortant de chez elle, celui-ci se fait rouer de coups par des extrémistes. Daniel prend sa défense et tue l'un des agresseurs avec son arme de service. Le commissaire lui demande dès lors de donner sa démission. En examinant des lettres et documents qu'a laissés sa mère, Daniel découvre que son frère aîné, qu'il n'a jamais connu, était un membre actif de l'extrême droite. Sur l'image, un rassemblement d'extrémistes se prépare au pied0 de l'Atomium. Bucquoy et Tito entendent sensibiliser le lecteur aux risques d'une nouvelle montée du fascisme.

BAUDOUIN DE VILLE
[1956]

Dessinateur et scénariste, Baudouin de Ville a suivi des cours à l'Académie de Saint-Gilles, à Bruxelles. Il travaille dans le graphisme publicitaire avant de relire l'intégrale d'Hergé et d'E.P. Jacobs. Il réalise à partir de 1984 la série *L'inconnu de la Tamise*, qui connaîtra un grand succès. Quatre ans plus tard, il dessine une nouvelle série, *Les esclaves de la torpeur*, sur un scénario d'Alain Streng.

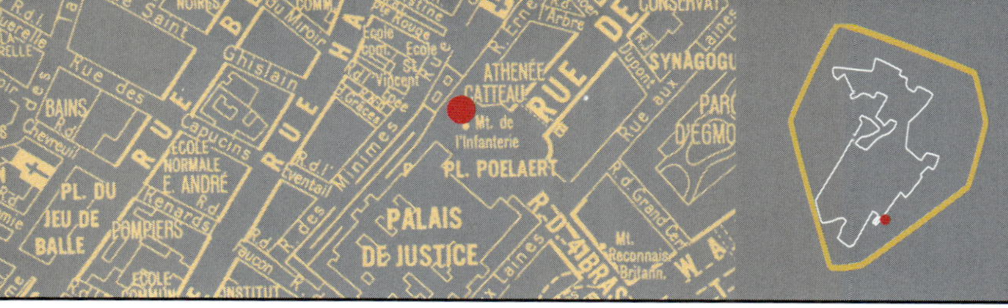

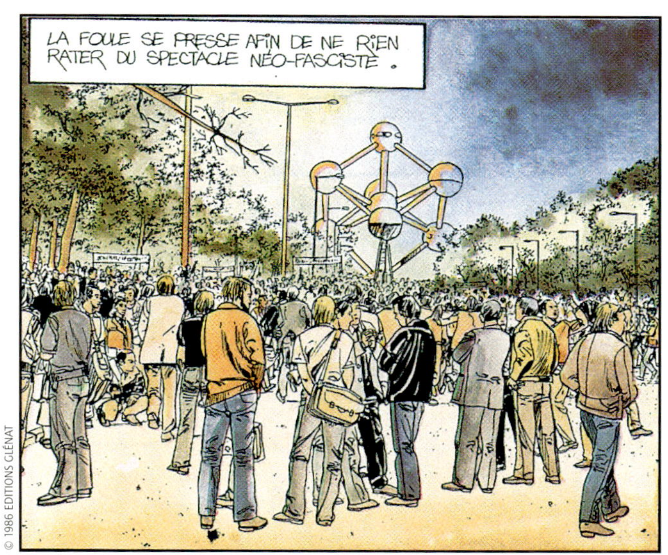

Jaunes : Ordre nouveau ?, BUCQUOY - TITO

L'inconnu de la Tamise : Atomium 58, de VILLE Baudouin

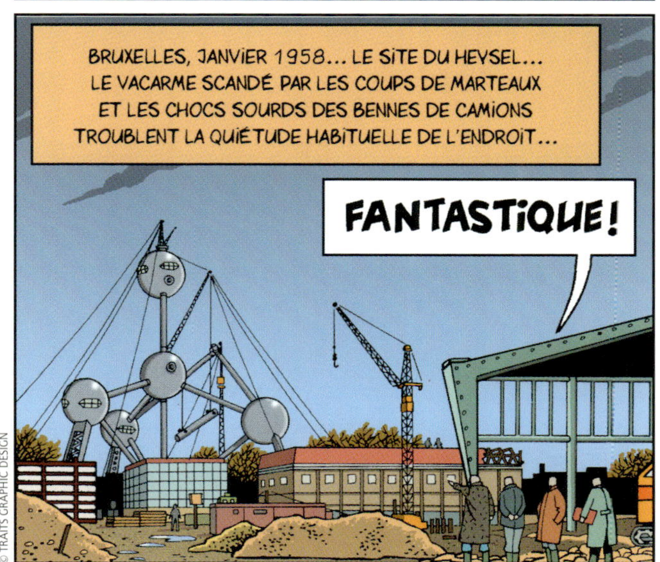

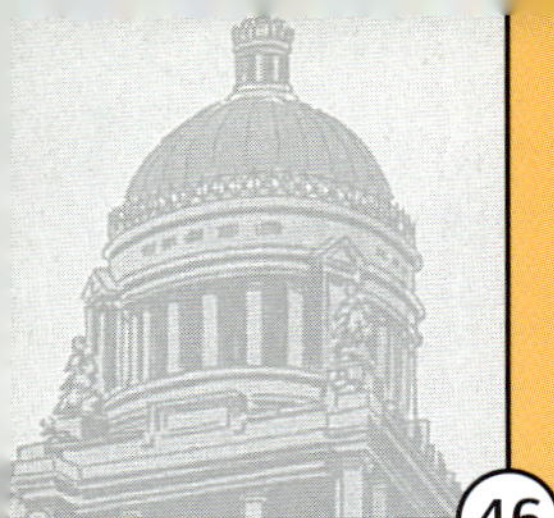

Une aventure de Gérard Craan : Au Dolle Mol, SANTI et BUCQUOY

Il s'agit du monument bruxellois le plus représenté dans les bandes dessinées, qu'elles soient réalistes, futuristes ou humoristiques. Cet édifice dominant toute la ville fut construit entre 1866 et 1883 par l'architecte Poelaert. Ses dimensions sont assez impressionnantes : il atteint une hauteur de 104 mètres au faîte de son dôme pour une surface de 26 000 m^2 ! Au XIXe siècle, ce monument était considéré comme le plus grand bâtiment du monde... Aujourd'hui,

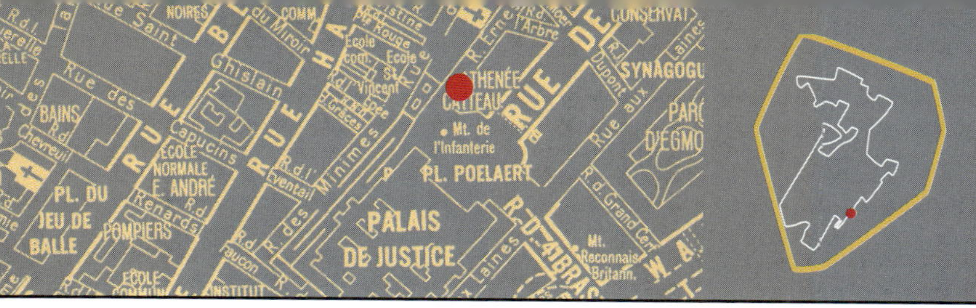

il est question de lui décerner le titre de monument du Patrimoine de l'Humanité.

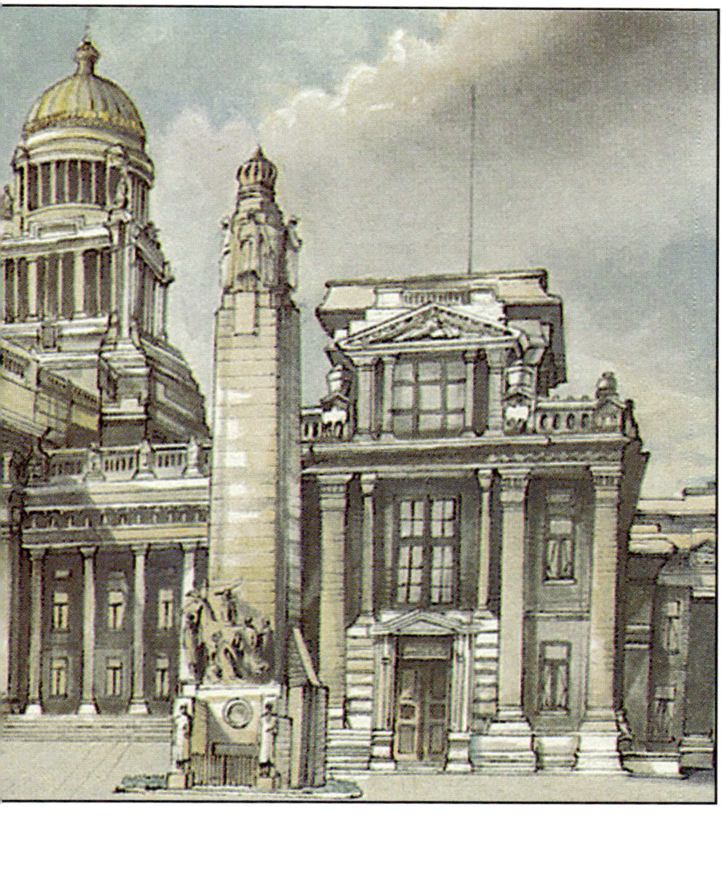

Dans les aventures de Bob Morane *(Snake)*, celles de Gérard Craan *(Au Dolle Mol)*, ou encore de Ric Hochet *(Les témoins de Satan)*, le Palais de Justice est employé comme symbole de la justice, thématique principale de ces albums.

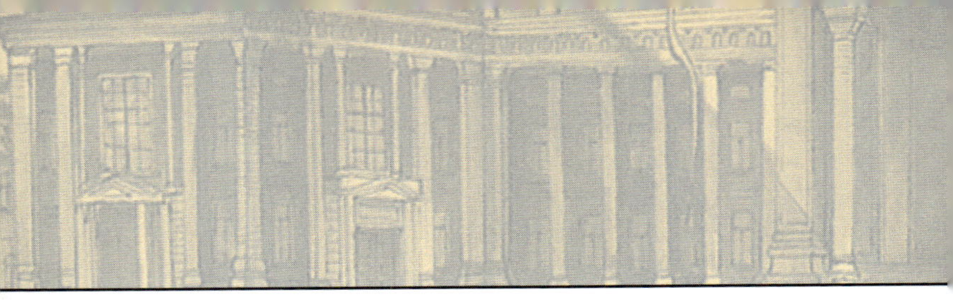

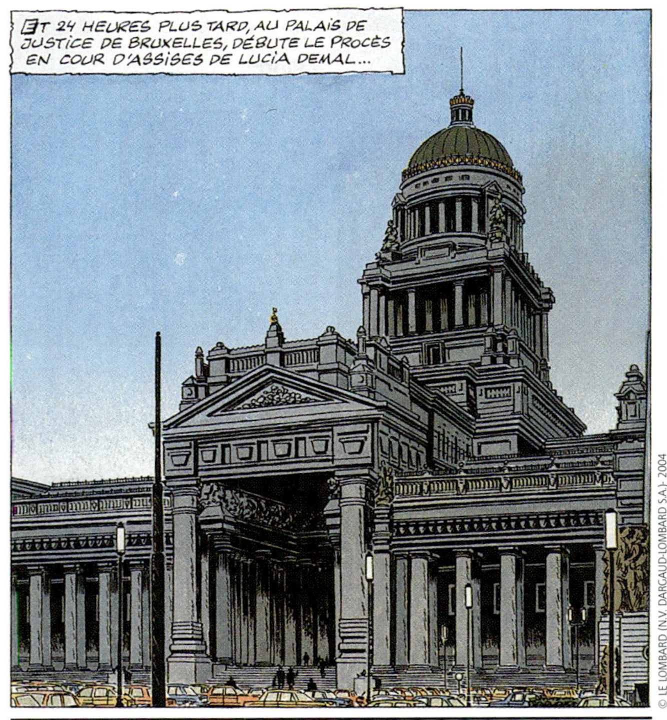

Ric Hochet : Les témoins de Satan, TIBET - A.P. DUCHÂTEAU

Une aventure de Bob Morane : Snake, CORIA et VERNES

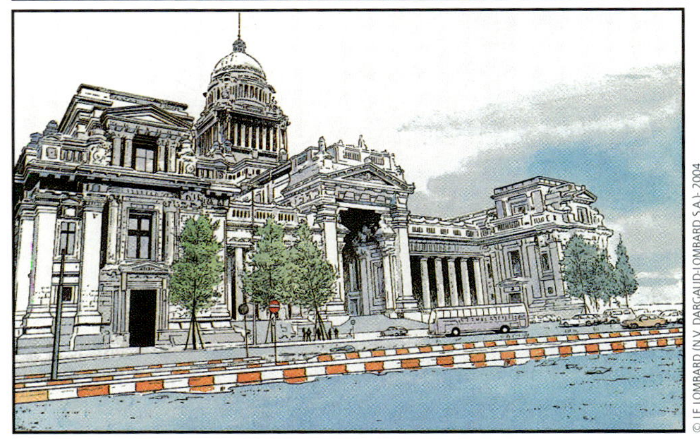

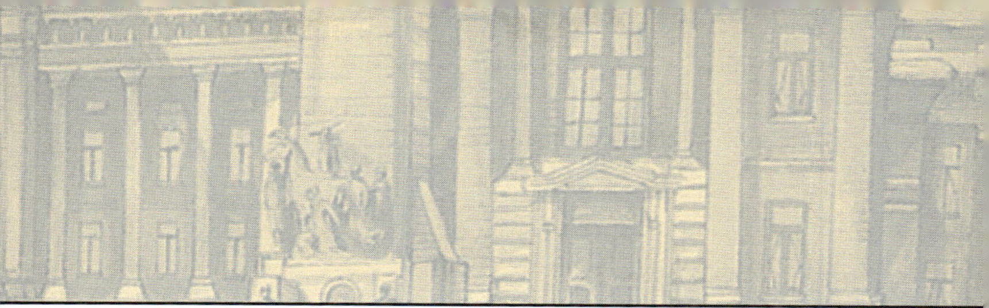

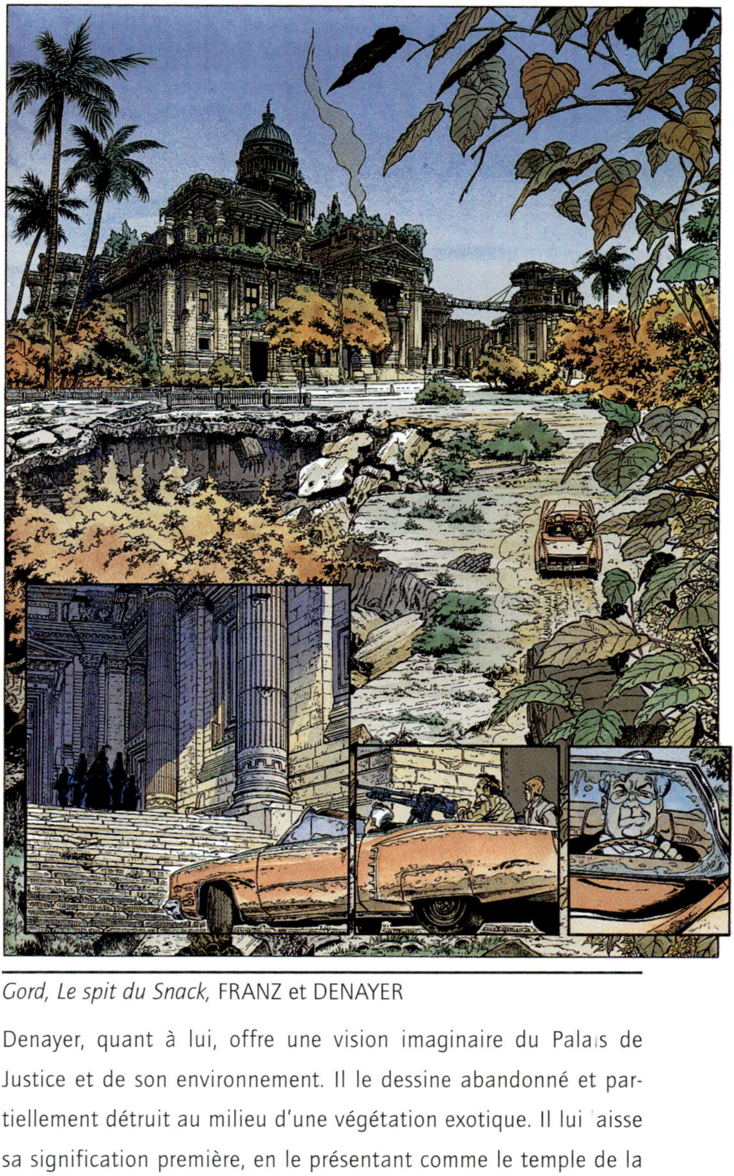

Gord, Le spit du Snack, FRANZ et DENAYER

Denayer, quant à lui, offre une vision imaginaire du Palais de Justice et de son environnement. Il le dessine abandonné et partiellement détruit au milieu d'une végétation exotique. Il lui laisse sa signification première, en le présentant comme le temple de la grande rédemption et des hautes moralités.

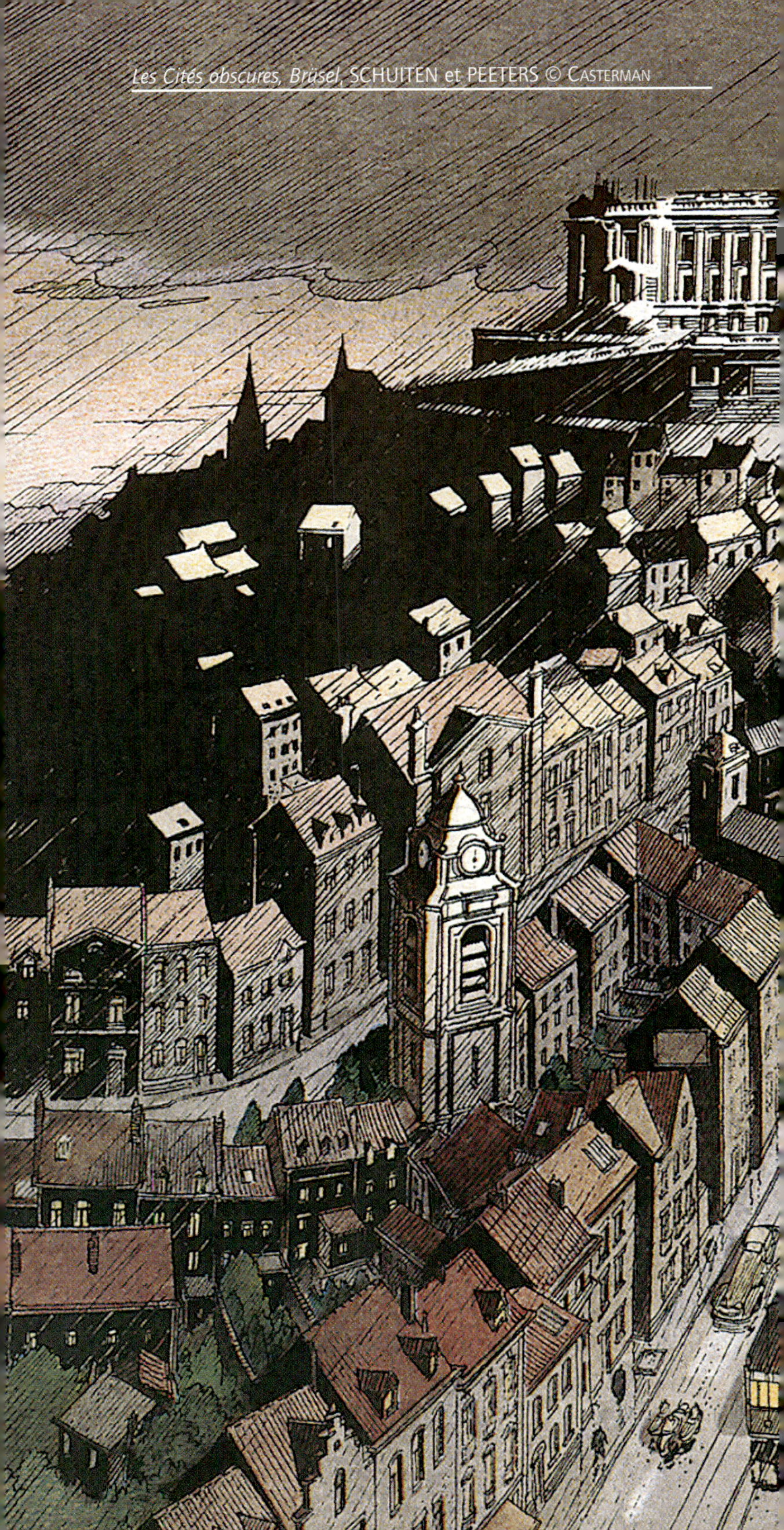
Les Cités obscures, Brüsel, SCHUITEN et PEETERS © CASTERMAN

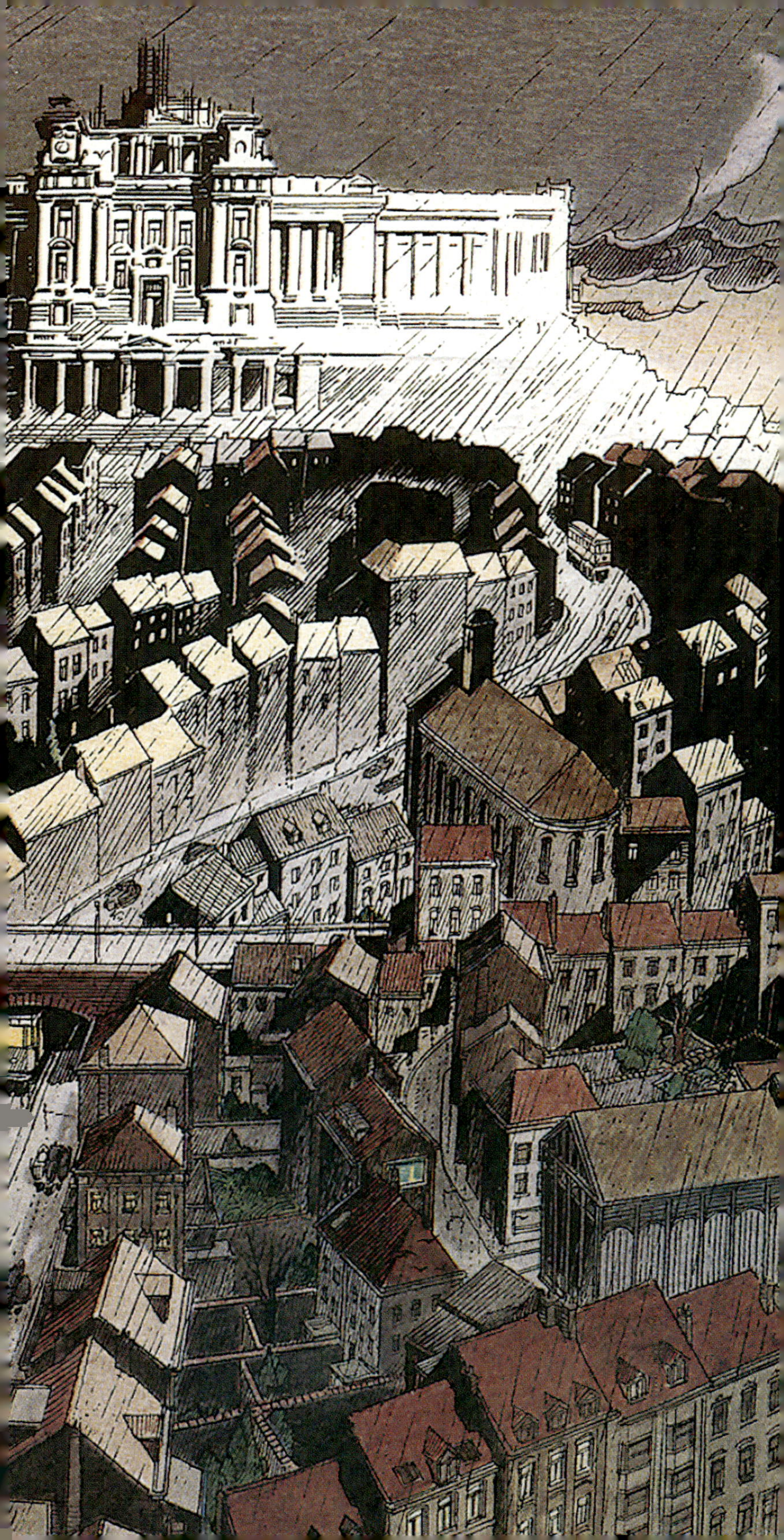

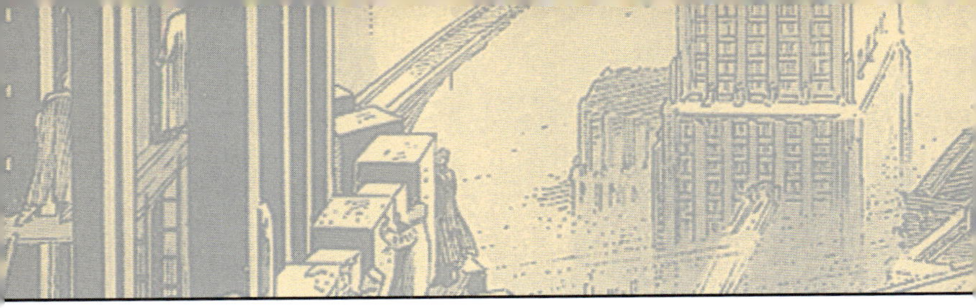

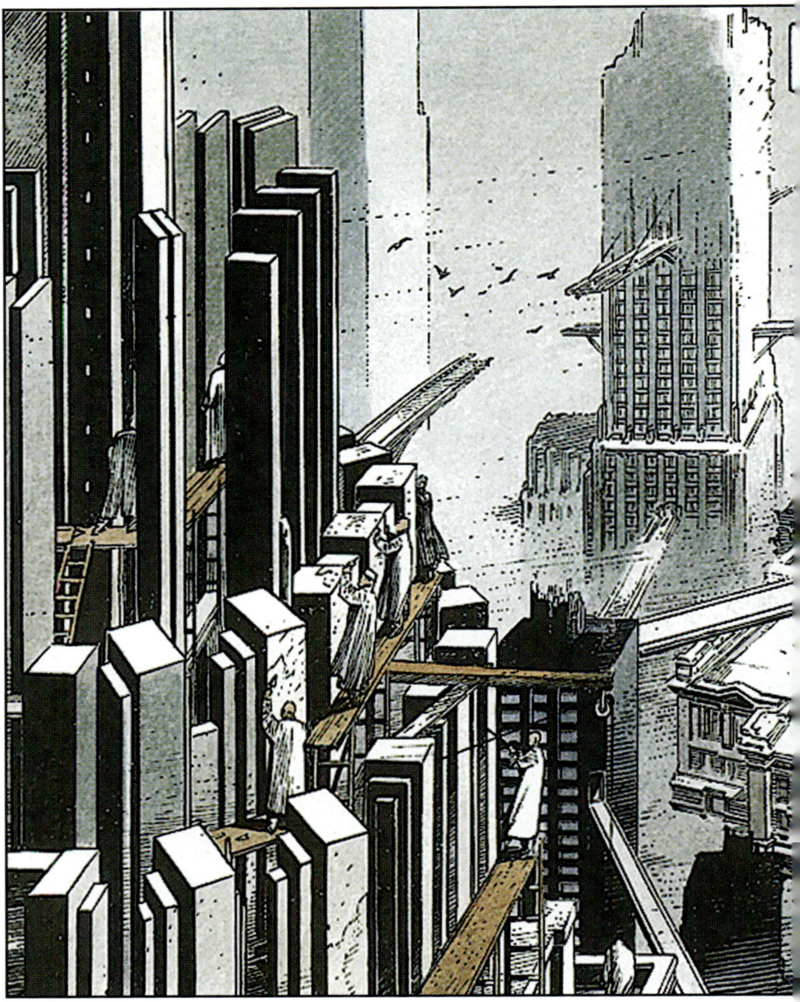

Schuiten en donne lui aussi une vision futuriste, à travers laquelle il fait passer un message sur l'évolution du bâti à Bruxelles. Sur la première vignette, le Palais de Justice est en construction. L'angle sous lequel il est présenté accentue encore son effet surplombant la ville. Les habitants des Marolles, devant le gigantisme de l'édi-

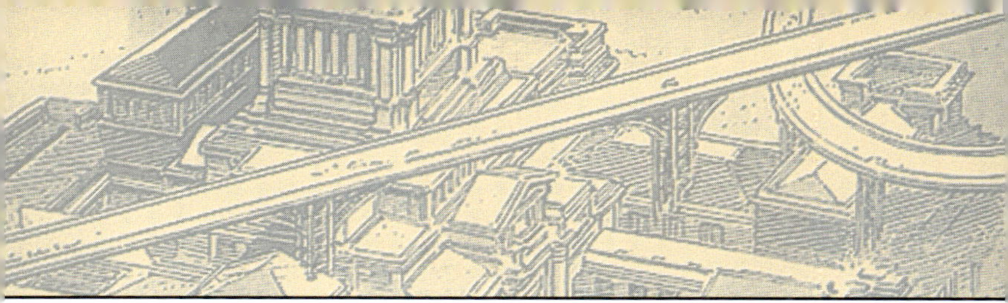

fice, traitent Poelaert de « *schieven architek* ». Sur la seconde, le temps a passé et c'est le Palais de Justice qui semble à son tour écrasé par la grandeur des immeubles modernes, reliés entre eux par des routes aériennes.

Les Cités obscures, Brüsel, SCHUITEN et PEETERS

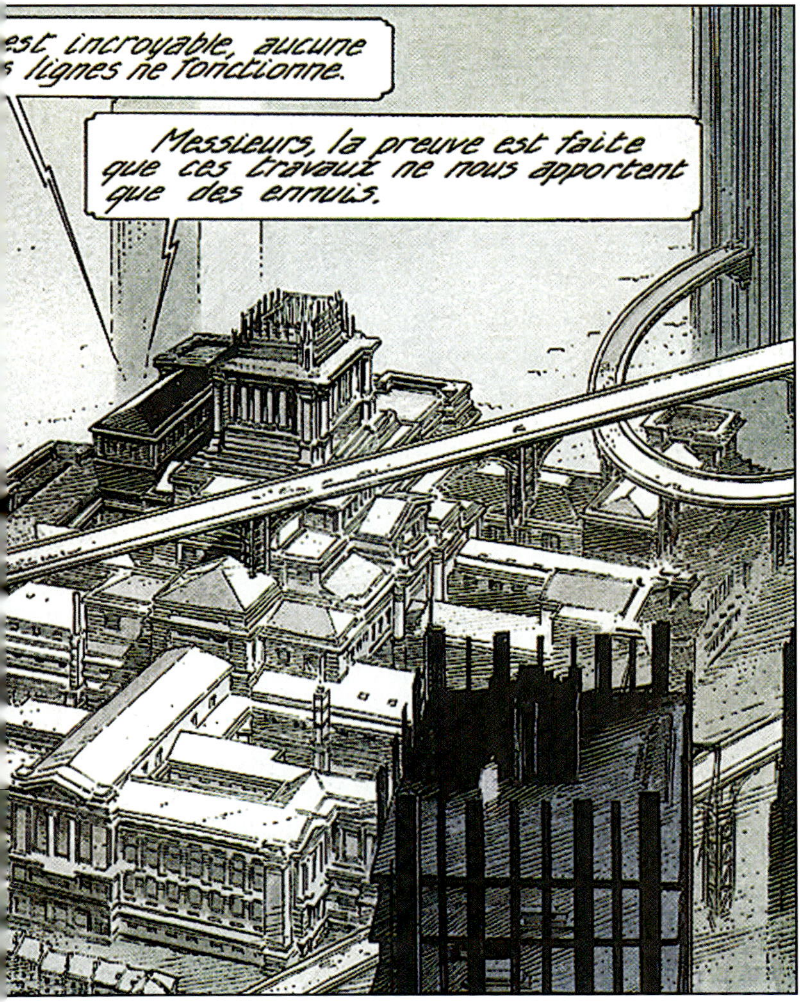

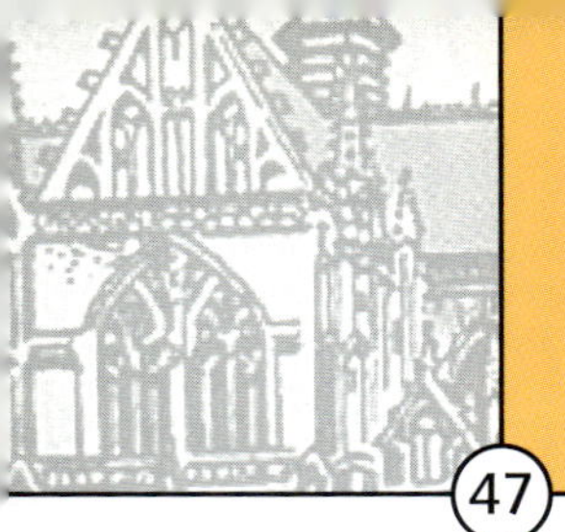

47

Vues du bas et du haut de la place, avec de belles représentations de l'église Notre-Dame du Sablon. Celle-ci, de style gothique, fut édifiée au XVe siècle.

Marc Sleen, dans *De roos van Sakhti*, traduit bien l'ambiance du Sablon malgré la représentation simplifiée qu'il offre du quartier. Dans

De avonturen van Nero : De roos van Sakhti, Marc SLEEN

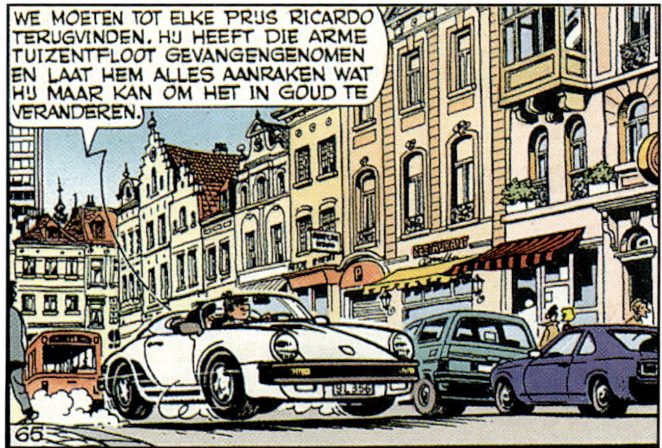

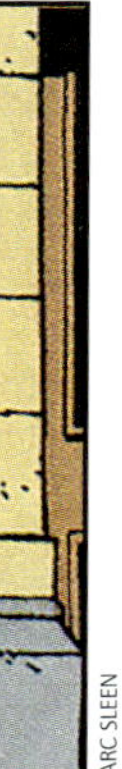

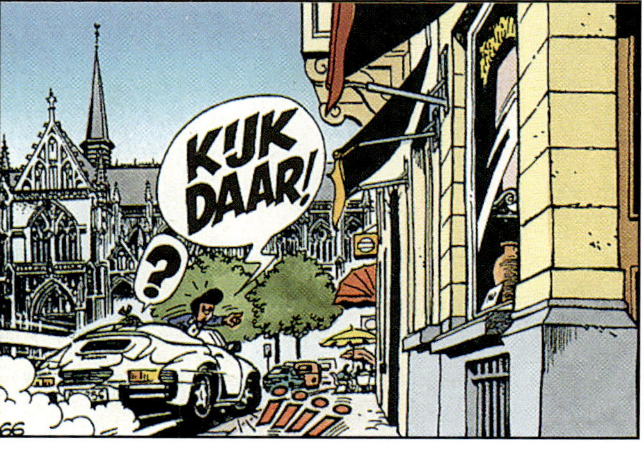

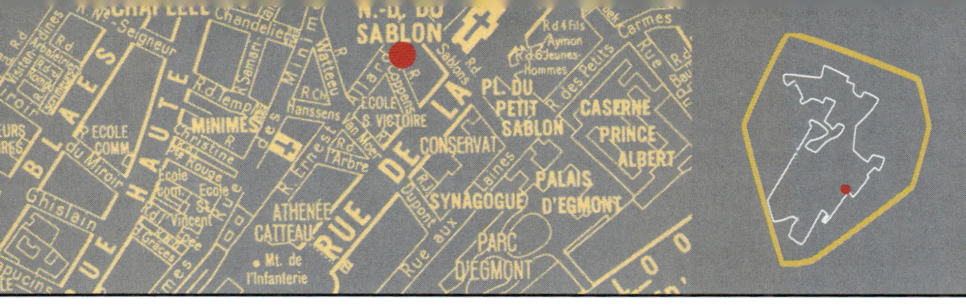

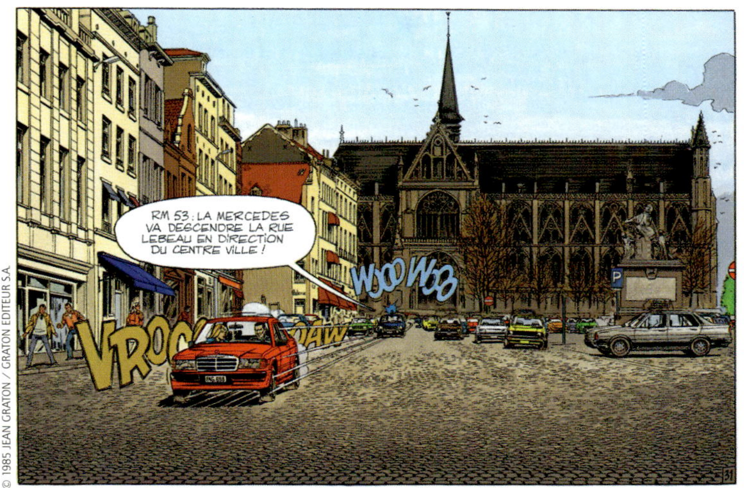

Michel Vaillant : Racing-Show, Jean GRATON

cette aventure, le fils de Néron, Adhémar, revient d'Inde. Dans le jet du retour, il découvre la jolie déesse Sakhti. Celle-ci lui dit être venue visiter le pays et goûter les spécialités locales telles que les frites, la bière et les pralines. En échange, elle offre à Adhémar une rose enchantée : elle peut apporter le bonheur, mais la moindre piqûre d'épine provoque des conséquences dramatiques. Un ami de Néron, Tuizert Floot, s'y pique. À partir de ce moment, tout ce qu'il touche se transforme en or. Ricardo, le mafieux, y voit tout de suite son intérêt et enlève Tuizert Floot. Le détective Van Zwam retrouve sa piste chez les antiquaires du Sablon. Après de nombreuses péripéties, la rose se fane et tout rentre dans l'ordre.

Jean Graton, lui, utilise le Sablon comme lieu de passage pour sa course-poursuite entre Bob Cramer et la police de Bruxelles. L'album date de 1985, si bien que Graton représente la place comme elle était alors, avant son réaménagement. Aujourd'hui, parkings et espaces publics en occupent le centre.

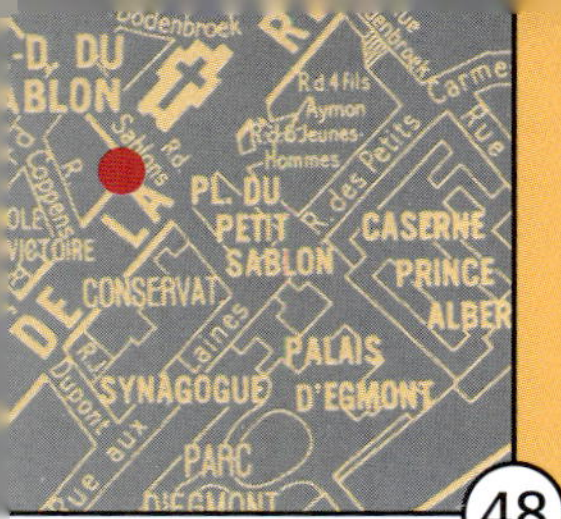

De l'autre côté de la rue de la Régence, se trouve le Petit Sablon. Ce petit coin de verdure réalisé en 1890 par l'architecte Beyaert, abrite des sculptures. Les statuettes représentent 48 métiers du Moyen Âge. Elles sont soutenues par des colonnettes gothiques, toutes différentes les unes des autres.

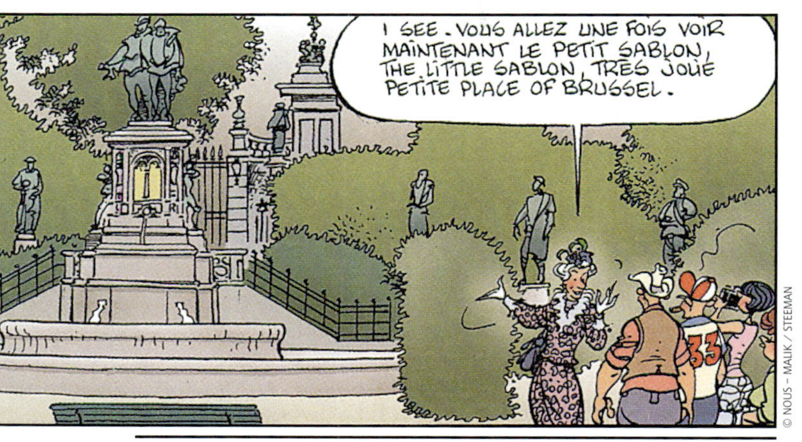

Gertrude au pays des Belges, STEEMAN et MALIK

Dans l'un des gags de *Gertrude au pays des Belges*, un scénario de Stéphane Steeman illustré par Malik, Gertrude guide des touristes américains à Bruxelles. La ville est donc au centre de l'histoire.

Michel Vaillant : Racing-Show, Jean GRATON

Dans *Racing-Show*, le Palais de Justice ne joue qu'un rôle de décor devant lequel passe Bob Cramer au volant de sa Mercedes rouge.

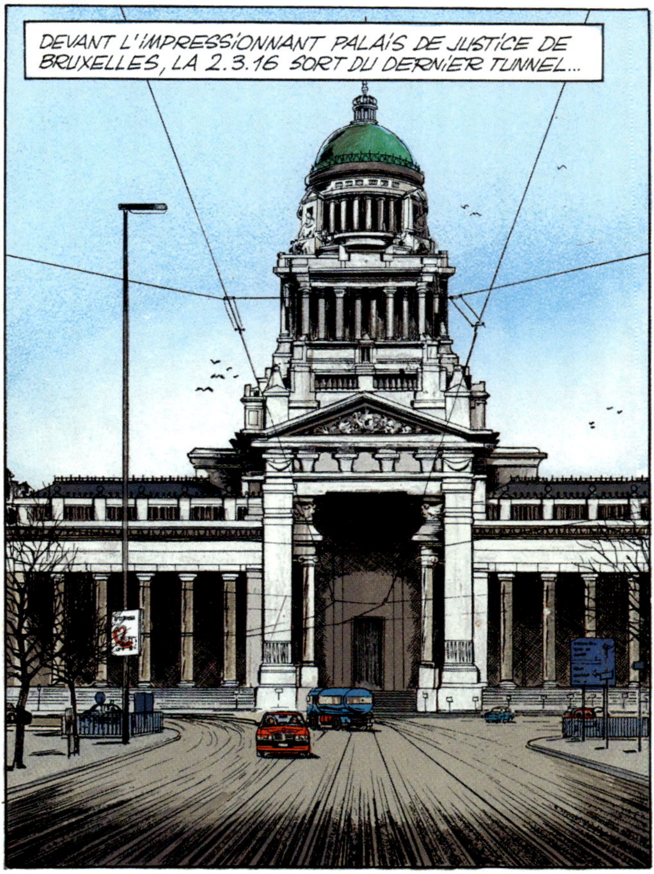

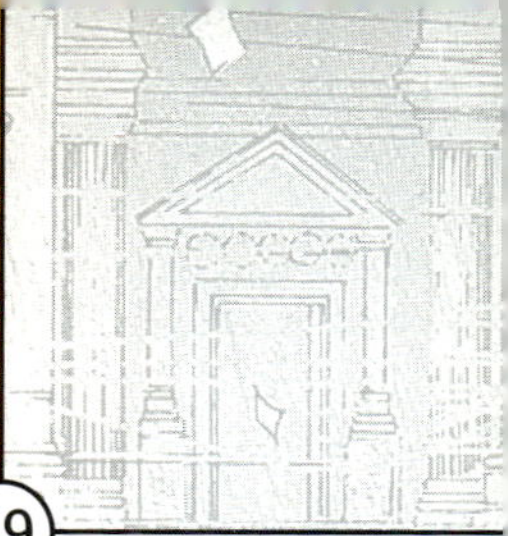

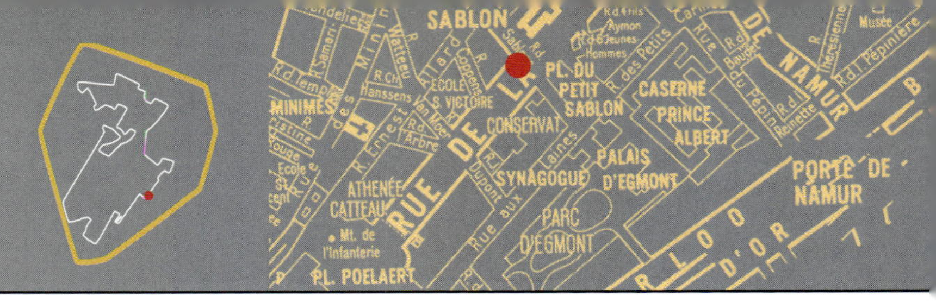

Des villes et des femmes (tome I), FRANCQ - DE GROOT

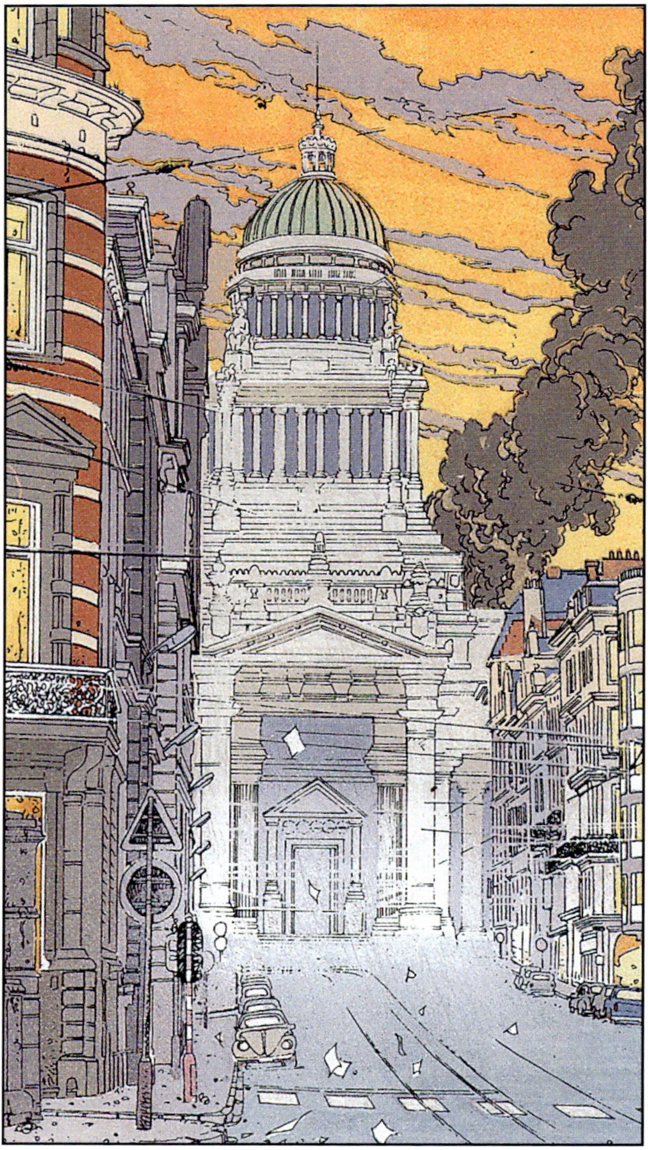

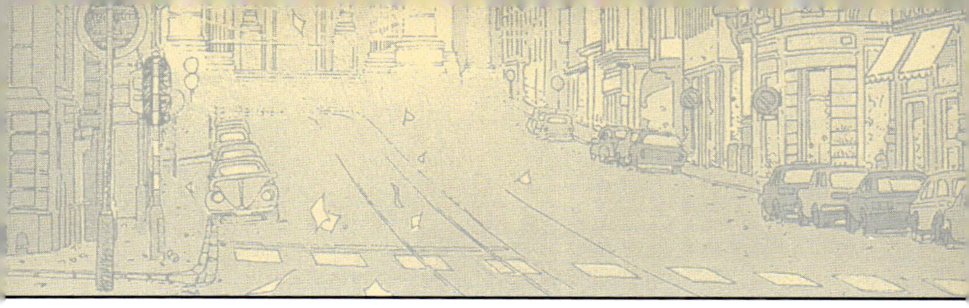

Dans *Des villes et des femmes*, une explosion survient dans un quartier de Bruxelles, et sa fumée monte derrière le Palais de Justice. Cette explosion accentue l'angoisse de notre héroïne, Agnès, dont le mari Éric est démineur à l'armée. De peur d'un accident mortel, elle essaye de le convaincre d'arrêter ses opérations de déminage. Ayant perdu patience, elle décide de mettre fin à ses jours et ouvre le gaz dans la maison. Au moment où Éric sonne, la maison explose et les deux héros périssent.

PHILIPPE FRANCQ
[1961]

Dessinateur, Philippe Francq esquisse les dix premières planches d'une bande dessinée sur un scénario de Gabrielle Borile. Malheureusement, le projet n'aboutira jamais. Il collabore ensuite brièvement avec Bob De Moor aux Studios Hergé. En 1987, il réalise le premier épisode de la série *Des villes et des femmes* en compagnie du scénariste Bob de Groot. Il est également le dessinateur de la célèbre série *Largo Winch*.

BOB DE GROOT
[1941]

Scénariste et dessinateur, Bob de Groot a suivi une formation en dessin dans une école supérieure spécialisée. Il travaille à la série *Félix* et dessine plusieurs centaines de pages pour des suppléments hebdomadaires de quotidiens. Au début des années 70, il réoriente sa carrière et se spécialise dans l'écriture de scénarios. On le retrouve notamment aux côtés de Dany, Francq, Greg, Geri et Tibet. En 1996 et 1998, il scénarise les huitième et onzième albums de *Ran-Tan-Plan*, dessinés par Leonardo Vittorio.

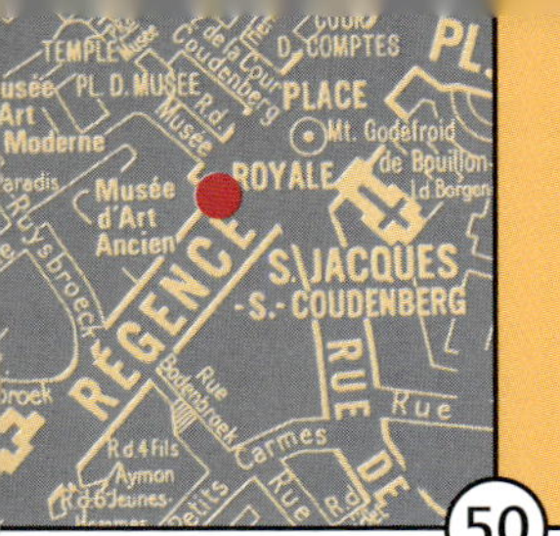

50

C'est le point de départ de la course-poursuite entre Bob Cramer et
la police de Bruxelles.

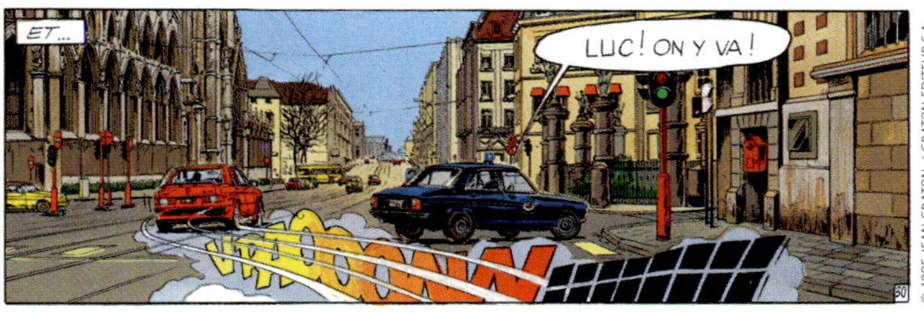

Michel Vaillant : Racing-Show, Jean GRATON

L'inconnu de la Tamise : Atomium 58, Baudouin de VILLE

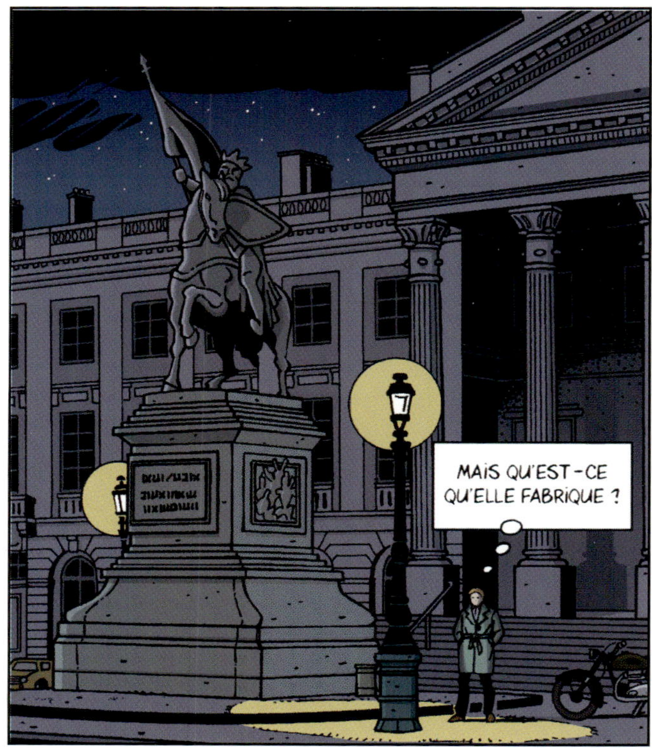

51

Marc Sleen et Baudouin de Ville donnent deux représentations fort différentes de la place Royale.

Sur cette vignette, la statue de Godefroi de Bouillon a été remplacée par la statue de Néron, le héros de l'album. On distingue en arrière-plan l'église Saint-Jacques-sur-Coudenberg (pour rappel, Schuiten, dans sa fresque *Le Passage*, en a représenté le clocher). Dans cette aventure de Néron, la place Royale est au cœur de l'action. La statue de Godefroi de Bouillon ayant disparu, Néron décide de la remplacer par une statue à son effigie dans l'espoir de se faire remarquer. L'effet désiré ne se produisant pas, il décide de regarder en l'air en direction de la statue. Les passants intrigués font de même et perdent la tête tour à tour.

Dans *Atomium 58*, au contraire, Baudouin de Ville met en scène la place Royale de manière très réaliste. Saturnin, journaliste au *Crépuscule*, attend un indicateur au pied de la statue de Godefroi de Bouillon. Ce dernier lui donnera, moyennant des compensations financières, une liste de personnes susceptibles d'être liées à l'organisation d'attentats.

De avonturen van Nero : Man van Europa, Marc SLEEN

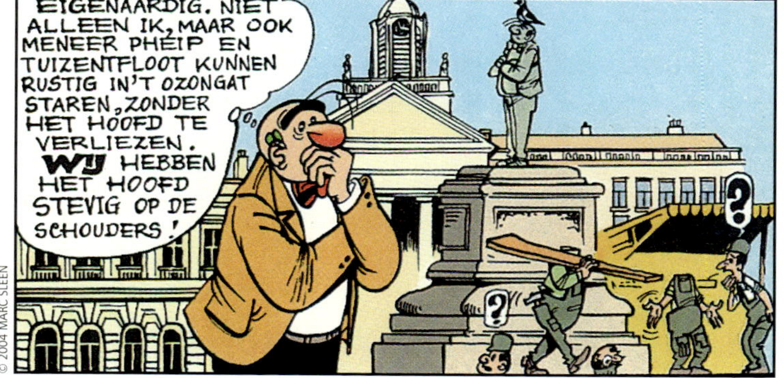

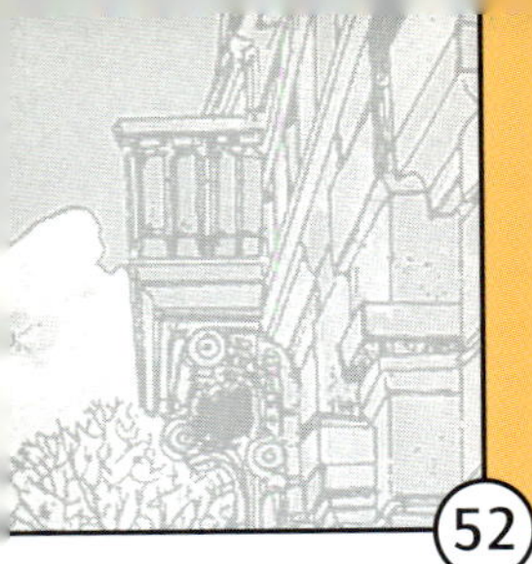

Bucquoy et Tito offrent une vue de la rue Royale donnant sur le parc Royal.

Aux limites du réel nous place dans une aventure irréaliste où l'inspecteur Daniel Jaunes reçoit sa nomination de sous-commissaire à Dinant. La lettre, datée du 6 novembre 1938, s'accompagne d'une carte de Rex, un parti d'extrême droite d'avant la Deuxième Guerre mondiale. Daniel en est d'autant plus surpris qu'il n'était pas né en 1938. Il se rend tout de même à Dinant. Dans le train, une femme lui raconte les tortures que son fils a subies avant d'être tué par les nazis, et elle lui conseille de se méfier de l'ordre nouveau. Sur place, plusieurs événements désorientent notre héros : incendies, hallucinations, soirées extrémistes, etc. Daniel sera finalement ramené à Bruxelles sans savoir ce qui s'est réellement passé. Sur les planches de cet album, les vues de Bruxelles figurent en guise d'introduction. Elles illustrent bien l'ambiance automnale du moment.

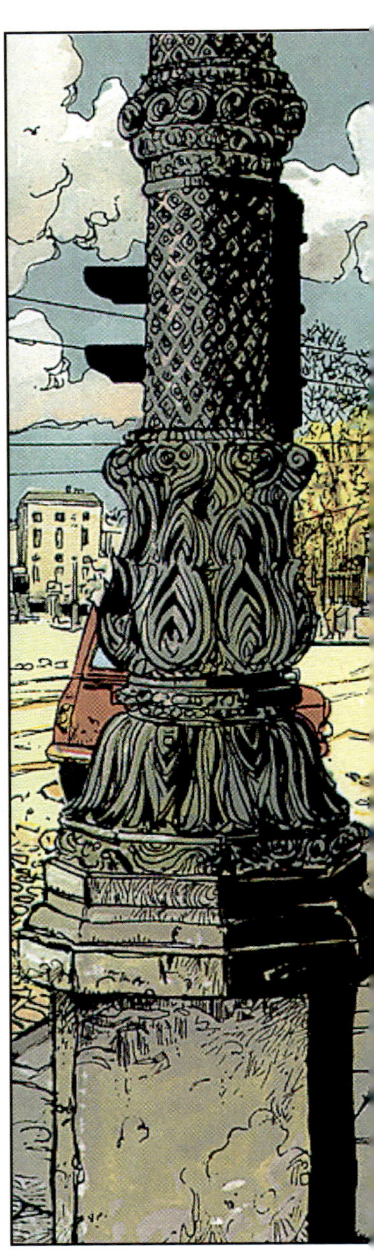

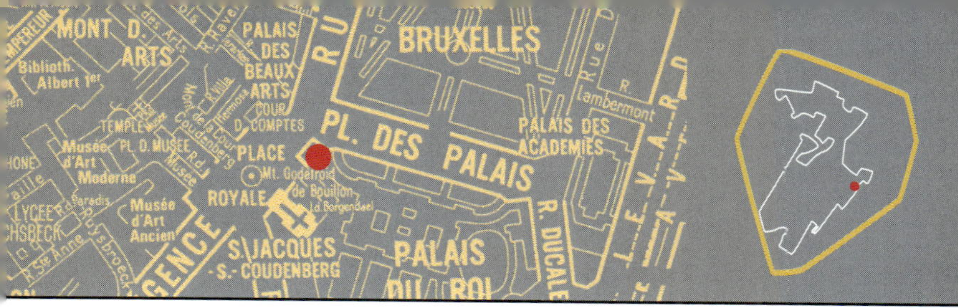

Jaunes : Aux limites du réel, BUCQUOY - TITO

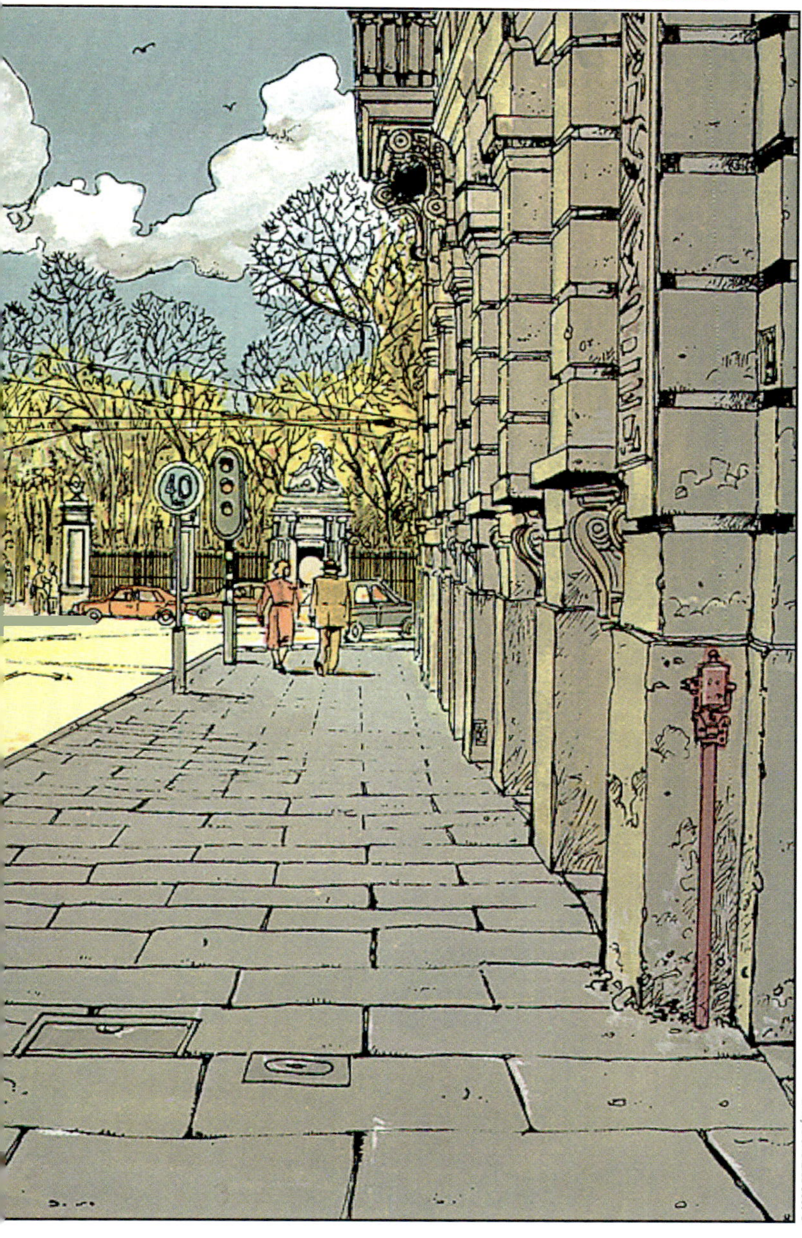

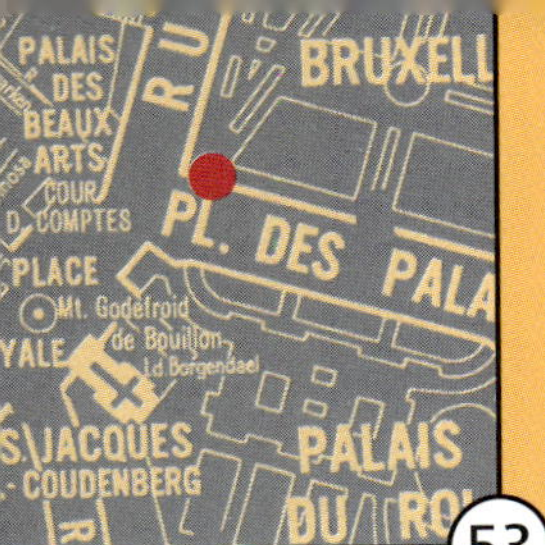

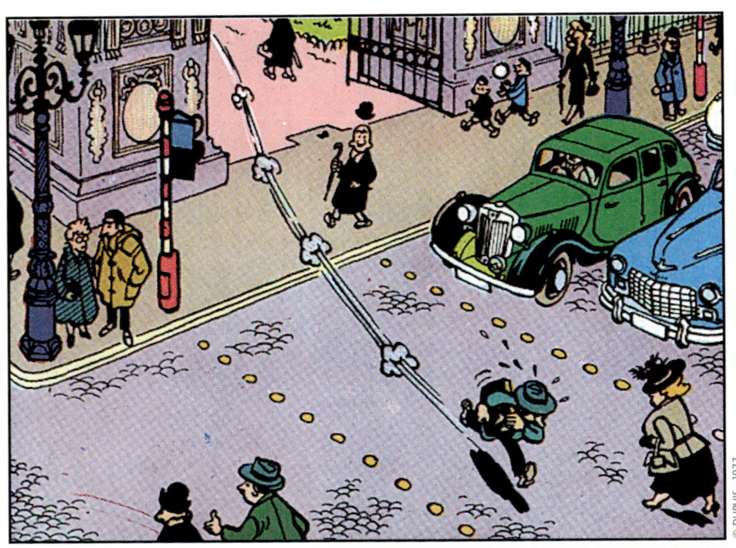

Une grande aventure de Spirou et Fantasio : Il y a un sorcier à Champignac, André FRANQUIN

La vignette représente l'une des entrées du Parc de Bruxelles. Elle est tirée de l'album *Il y a un sorcier à Champignac*, des aventures de Spirou et Fantasio. Le parc est l'un des lieux de l'action. Le comte de Champignac a inventé une potion magique capable de décupler ses forces. Lors d'une promenade dans le Parc de Bruxelles en compagnie de Spirou et Fantasio, il se fait voler sa potion par un épicier qui l'a reconnu et a écouté leur conversation. Spirou et Fantasio se lancent alors à la poursuite du voleur. L'épicier s'enfuit par l'un des accès au Parc. Franquin ne fait aucune allusion précise dans son texte, mais divers éléments permettent d'identifier le lieu (lampadaires, feu de signalisation, colonnes à l'entrée et statues [cf. point 57]).

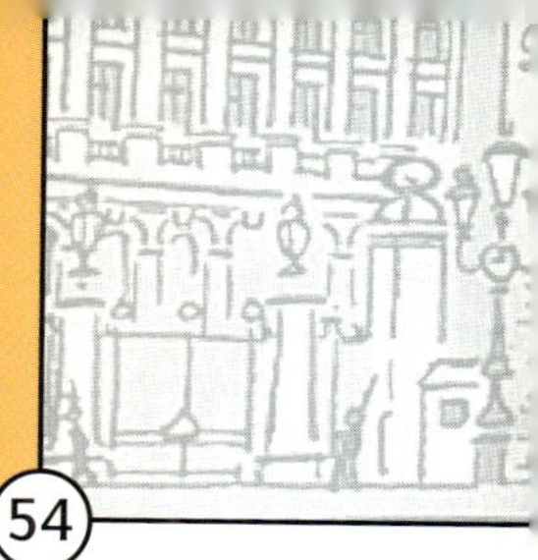

54

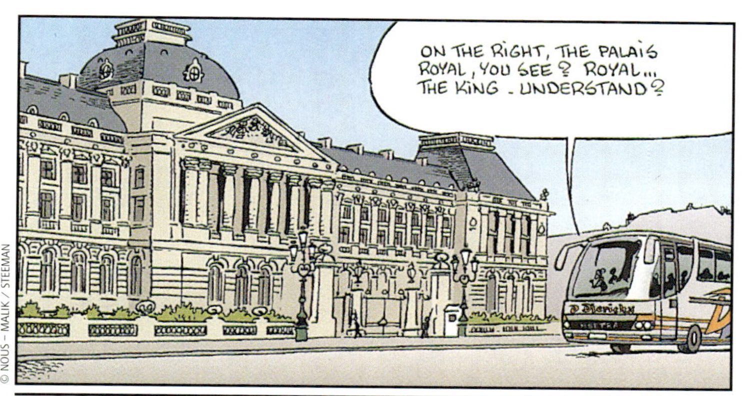

© NOUS – MALIK / STEEMAN

Gertrude au pays des Belges, STEEMAN et MALIK

ANDRÉ FRANQUIN
[1924-1997]

Scénariste et dessinateur, Franquin débute dans un studio de bande dessinée, le CBA, où il rencontrera Morris, Peyo et Paape (1944). Il entre aux Éditions Dupuis en 1946 mais, suite à un différend avec l'éditeur, il travaille simultanément pour *Spirou* et pour *Tintin*. Il crée les personnages de Gaston Lagaffe, du Marsupilami, de Modeste et Pompon. De 1948 à 1969, il se consacre entièrement aux personnages de Spirou et Fantasio, avant de centrer son œuvre sur les aventures de Gaston Lagaffe. Le graphisme de Franquin est « vif et expressif ». Il est l'un des piliers incontestables des Éditions Dupuis et de la BD européenne.

Le Palais royal sous sa forme actuelle est le résultat d'une restauration entreprise à l'initiative de Léopold II par Henri Maquet (entre 1904 et 1909), qui donna à la façade du bâtiment son style Louis XVI, à la fois sobre et imposant.

Ci-dessus, Gertrude fait une fois de plus découvrir Bruxelles à des touristes américains.

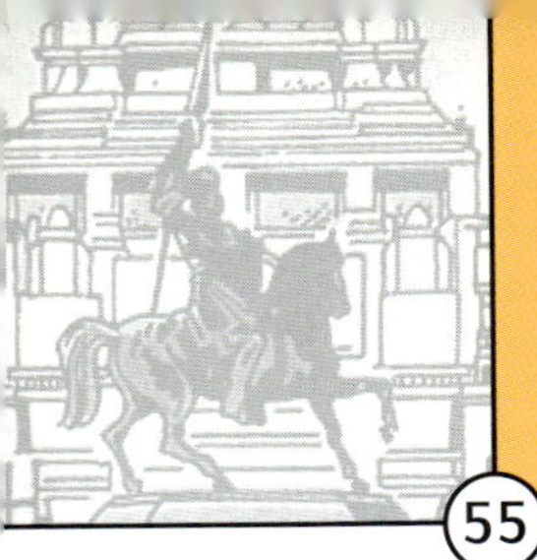

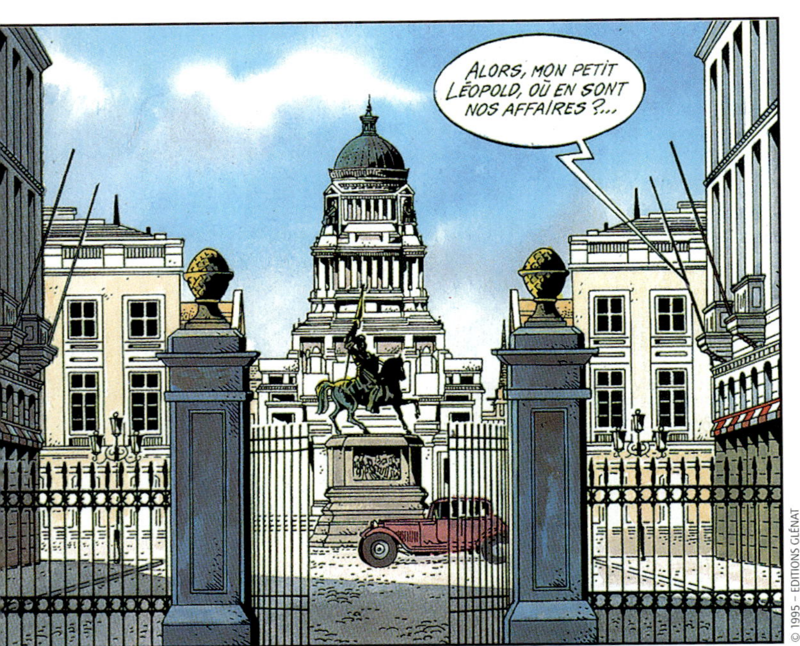

Les maîtres de l'orge : Noël 1932, VAN HAMME et VALLES

Francis Vallès, dans *Les maîtres de l'orge : Noël 1932*, dessine la perspective de l'axe qui relie l'entrée du Parc de Bruxelles au Palais de Justice en passant par Godefroi de Bouillon, au milieu de la place Royale. Cet axe se prolonge dans le Parc de Bruxelles par l'allée diagonale située derrière vous. Cette représentation est très réaliste, même si l'effet de perspective semble écrasé. Bruxelles occupe une place peu importante dans cette BD : cette vue sert de décor à un entretien d'affaires qui se déroule dans un bâtiment situé à droite de l'entrée du Parc royal.

La série *Les maîtres de l'orge* met en scène une dynastie de brasseurs belges, les Steenfort. Au milieu du XIXe siècle, Charles Steenfort, un jeune novice dans une abbaye brassicole, rencontre

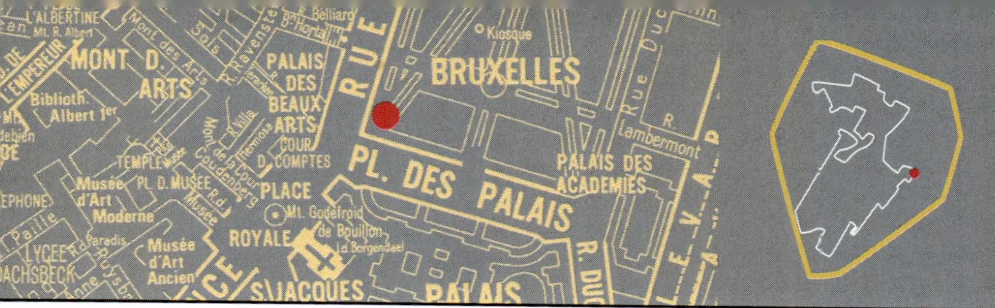

Adrienne, sa future femme. Il comprend que son plus grand désir est de brasser la bière. Il retourne dans son village natal pour ouvrir une brasserie avec son ami d'enfance, Frans Texel. Il mettra tout en œuvre pour s'imposer dans cette industrie. Sa victoire au concours de la meilleure bière, à la foire annuelle du Brabant, sera le point de départ de la constitution de l'empire des Steenfort, qui perdurera de 1854 à 1997.

FRANCIS VALLÈS
[1959]

Dessinateur et scénariste, Francis Vallès débute en 1983 grâce à la publication aux Éditions Magic-Strip de son album *Le lac des fous*. Il adapte de nombreux ouvrages littéraires en bande dessinée, dont *Les voyages de Gulliver* et *20 000 lieues sous les mers*. En 1992, il collabore avec le scénariste Jean Van Hamme à la saga des *Maîtres de l'orge*, parue aux Éditions Glénat.

JEAN VAN HAMME
[1939]

Romancier et scénariste, Jean Van Hamme se fait connaître dès 1968 grâce à des scénarios de *Modeste et Pompon* et de *Gaston Lagaffe*. Il scénarise, pour Paul Cuvelier, *Époxy*, ainsi que les sixième et septième épisodes de *Corentin*. Il crée *Thorgal* avec le dessinateur Grzegorz Rosinski en 1977. En 1992, il conçoit *Les maîtres de l'orge* avec Francis Vallès. Il adapte cette série en feuilletons télévisés pour la RTBF et France 2, et en écrit une version romanesque parue chez Robert Laffont. Il est également le scénariste des séries *XIII* et *Largo Winch*.

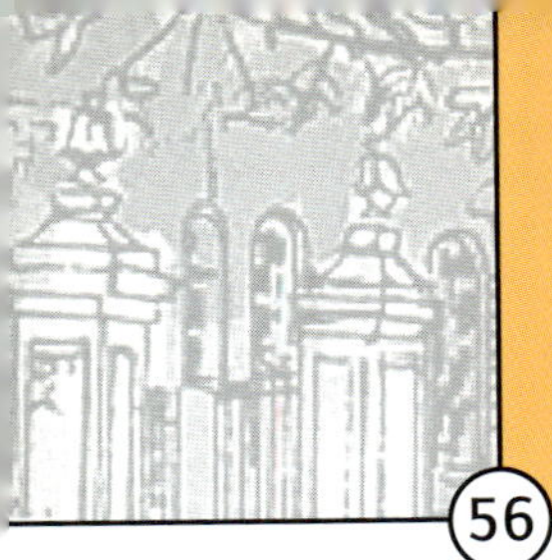

(56)

Le Parc de Bruxelles, situé entre le Palais royal et le Parlement, est officiellement rendu public en 1775. Le Parc tel qu'on le connaît aujourd'hui est l'œuvre de Joachim Zinner et de Barnabé Guimard. Notons qu'il joua un rôle important de champ de bataille des forces révolutionnaires belges et des armées néerlandaises de Guillaume d'Orange au cours des « Journées glorieuses » qui précédèrent l'indépendance de la Belgique en 1830.

La vignette ci-dessous, en introduction à l'une des aventures de l'inspecteur Daniel Jaunes, offre une vue très réaliste du Parc.

Jaunes : Aux limites du réel, BUCQUOY - TITO

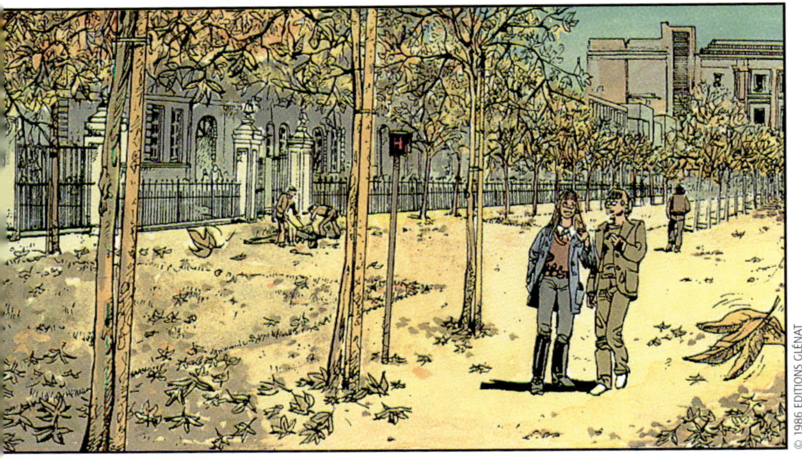

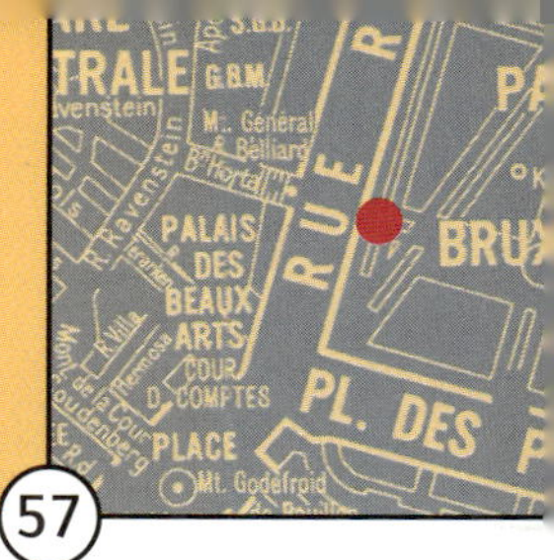

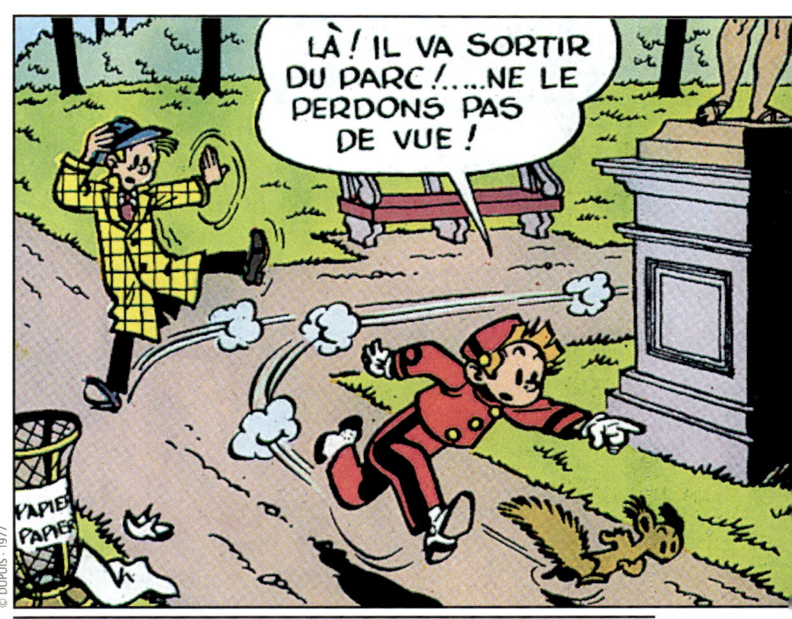

Une grande aventure de Spirou et Fantasio : Il y a un sorcier à Champignac, André FRANQUIN

Dans *Il y a un sorcier à Champignac*, Spirou et Fantasio tentent de rattraper l'épicier avant qu'il ne sorte du Parc (cf. point 53). Ils contournent à toute vitesse les statues qui se trouvent sur le côté droit de l'allée perpendiculaire à celle que vous venez de quitter.

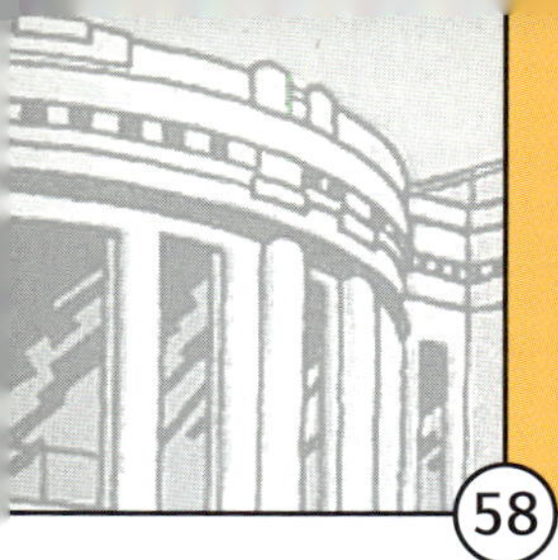

58

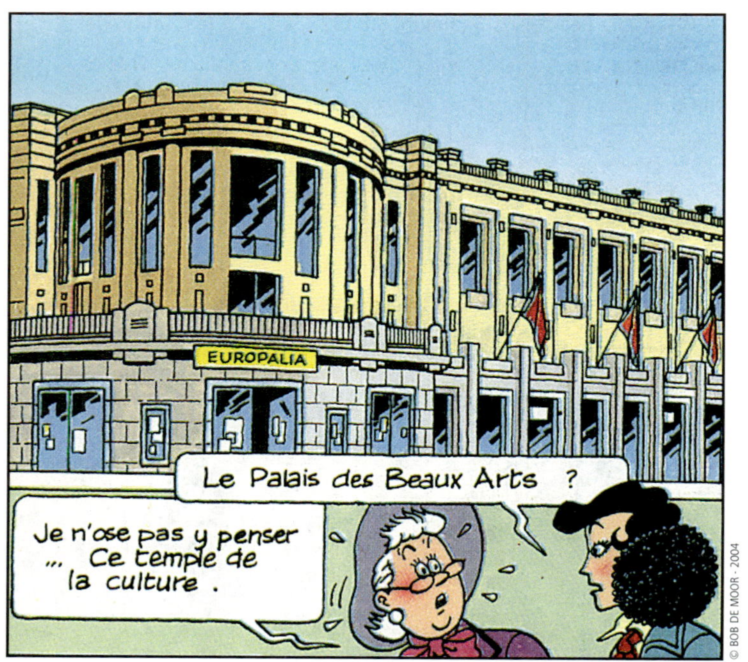

Les aventures de Barelli : Bruxelles bouillonne, Bob DE MOOR

Dans *Bruxelles bouillonne*, le Palais des Beaux-Arts sert de toile de fond à la conversation de la tante de Barelli.

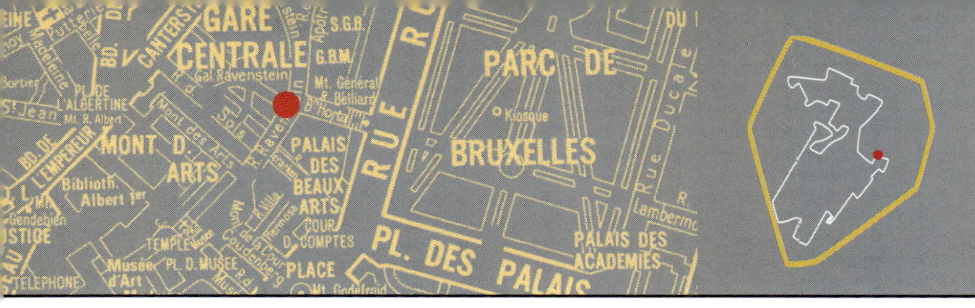

Le Palais des Beaux-Arts, inauguré en 1928, est une réalisation de l'architecte Victor Horta. Ce dernier place une grande salle de concerts au centre de cet espace culturel, sur toute la hauteur (trois étages), et ordonne toute la construction autour d'elle. Son acoustique est parfaite et elle peut accueillir 2 200 spectateurs. C'est pour ces raisons que s'y déroule chaque année le célèbre Concours Reine Élisabeth.

La construction du Palais des Beaux-Arts a rencontré de grandes difficultés techniques : d'une part, la différence de niveau entre la rue Royale et la rue Ravenstein est considérable ; d'autre part, du côté de la rue Royale, il était impensable d'élever une façade grandiloquente qui aurait été en contradiction avec le style néo-classique de la place et du Palais royal et qui, de plus, aurait entamé la vue panoramique que l'on a sur la ville depuis la place des Palais.

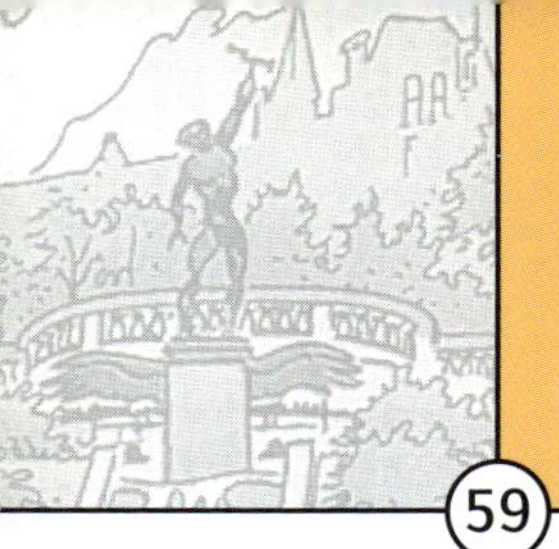

Gertrude au pays des Belges, STEEMAN et MALIK

L'extrait de *Gertrude au pays des Belges*, offre une vision du Mont des Arts sous sa forme originale.

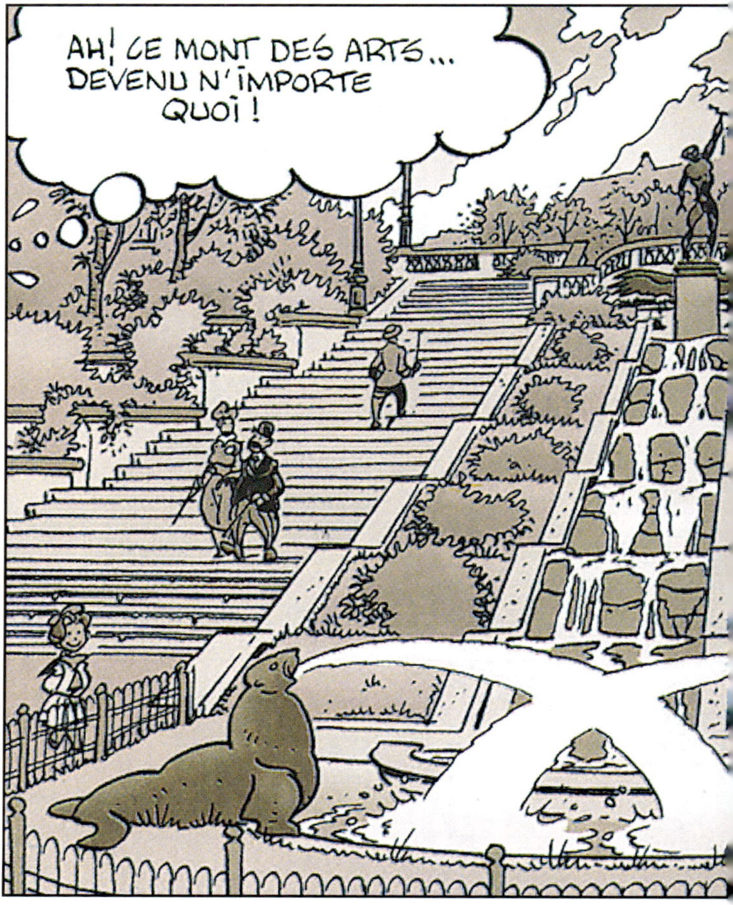

Dans la planche *Souvenirs*, Stéphane Steeman ne néglige pas de faire allusion au réaménagement du Mont des Arts. La bulle est suffisamment évocatrice. Les jardins représentés ici datent de 1909. Ils seront

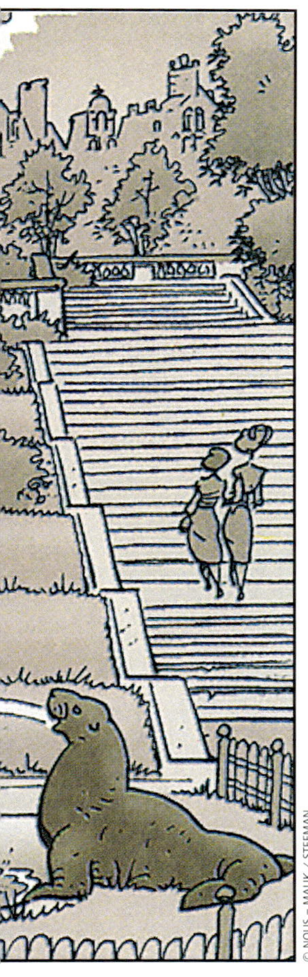

ensuite remplacés par un jardin « à la française », avec prédominance de la pierre. Ils sont encadrés par la Bibliothèque royale et le Palais des Congrès. La statue équestre d'Albert Ier domine l'esplanade inférieure. Depuis peu, une nouvelle phase de rénovation a été réalisée pour tenter de rendre au Mont des Arts, dans un tout autre style, sa place de jardin au cœur de la ville.

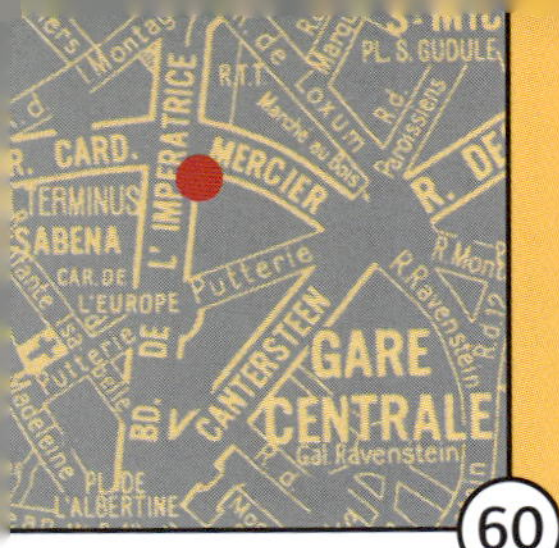

Sur votre droite, de l'autre côté du boulevard, la gare Centrale, construite en 1937 par Victor Horta dans le cadre des travaux de la jonction Nord-Midi.

Dans cette aventure de Néron, on retrouve les deux héros, Petoetje et Petatje, qui se rendent à la gare Centrale pour prendre le train d'Anvers. Ils veulent y acheter des coqs blancs en offrande à Singbonga, un fakir venu d'Inde que Néron a trouvé un beau jour chez lui. Ce fakir est considéré comme une divinité du soleil et il restera avec celui ou ceux qui lui feront des offrandes.

De avonturen van Nero : Singbonga, Marc SLEEN

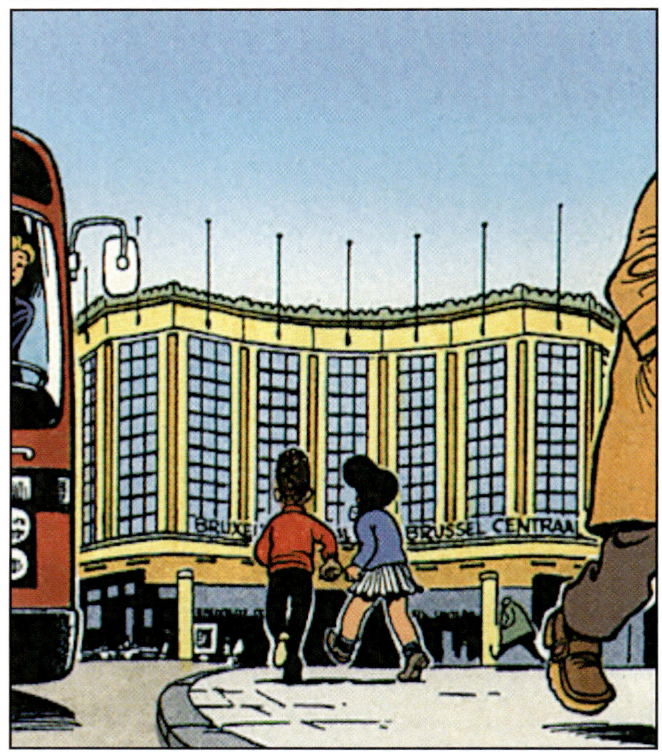

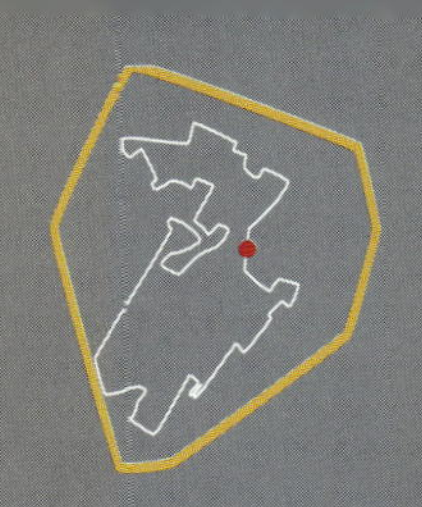

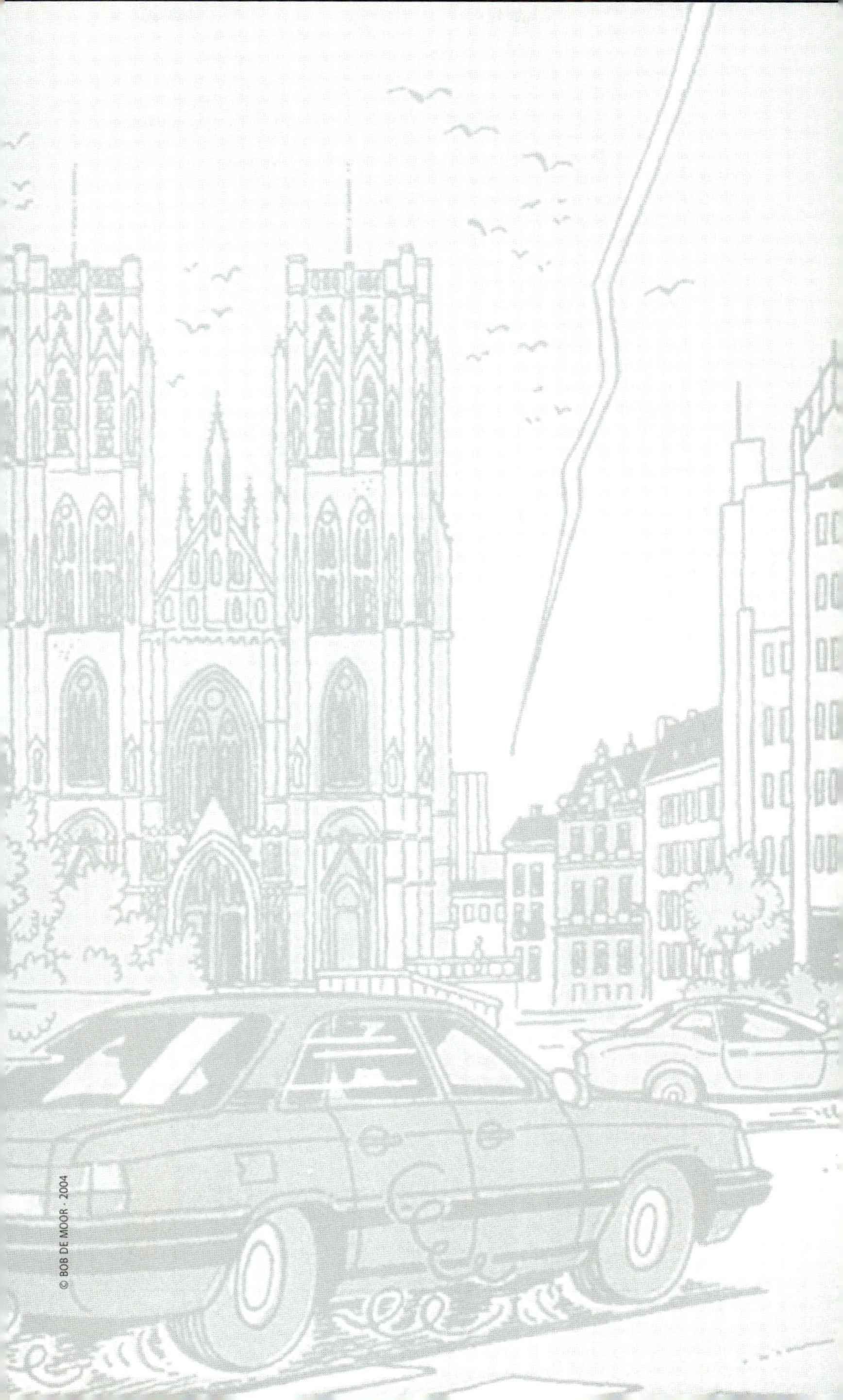

© BOB DE MOOR · 2004

MUSÉES

Le Centre belge de la Bande dessinée
Bibliothèque spécialisée - musée - brasserie
Rue des Sables 20, 1000 Bruxelles
Tél. : 02/219 19 80
www.comicscenter.net

Le Musée Jijé
Rue du Houblon 43, 1000 Bruxelles
Tél. : 02/513 33 04
www.jijé.org

SITES INTERNET

Site de la Ville de Bruxelles
www.bruxelles.be

Site de la Région de Bruxelles-Capitale
www.bruxelles.irisnet.be

Site BD offrant de multiples liens : tout ce qui se passe dans le monde du 9e art
www.brusselsBDtour.com

LIBRAIRIES-GALERIES DU PENTAGONE

Slumberland
Rue des Sables 20, 1000 Bruxelles
Tél. : 02/219 58 01

Brüsel
Boulevard Anspach 100, 1000 Bruxelles
Tél. : 02/511 08 09
www.brusel.com

La Bulle d'or
Boulevard Anspach 124, 1000 Bruxelles
Tél. : 02/513 72 35
www.multibd.com

Multi BD
Boulevard Anspach 126-128, 1000 Bruxelles
Tél. : 02/513 01 86
www.multibd.com

Tropismes Jeunesse et BD
Galerie du Roi 11, 1000 Bruxelles
Tél. : 02/511 56 51
www.tropismes.com

Het B-Gevaar
Rue de la Fourche 126-128, 1000 Bruxelles
Tél. : 02/513 14 86
www.b-gevaar.com

Petits Papiers
Boulevard Lemonnier 15, 1000 Bruxelles
Tél. : 02/513 46 70

Little Nemo
Boulevard Lemonnier 25, 1000 Bruxelles
Tél. : 02/514 68 04

Le Fantôme Espagnol
Boulevard Lemonnier 71, 1000 Bruxelles
Tél. : 02/512 32 04

L'Idée Fixe
Boulevard Lemonnier 131, 1000 Bruxelles
Tél. : 02/513 92 22

Malpertuis
Rue des Éperonniers 18, 1000 Bruxelles
Tél. : 02/512 83 00

Le Dépôt
Rue du Midi 108, 1000 Bruxelles
Tél. : 02/513 04 84
www.depotbd.com

Utopia-Gallery
Rue des Renards 16, 1000 Bruxelles
Tél. : 0475/81 75 10
www.utopia-gallery.com

Only You / BD Stars
Place du Jeu de Balle 79, 1000 Bruxelles
Tél. : 0475/69 75 38

FRESQUES non incluses dans l'itinéraire

Néron, Marc SLEEN, Place Saint-Géry

Cori le moussaillon, Bob DE MOOR, rue des Fabriques

Les rêves de Nic, HERMANN, rue des Fabriques

Lucky Luke, MORRIS, rue de la Buanderie

Isabelle, WILL, rue de la verdure

Olivier Rameau, DANY, rue du Chêne

Blondin et Cirage, JIJÉ, rue des Capucins

Le Jeune Albert, CHALAN, rue des Alexiens

Monsieur Jean, DUPUY et BERBERIAN, rue des Bogarts

L'archange, YSLAIRE, rue des Chartreux

Passe moi l'ciel, STUF et Jean RY, rue des Minimes

La Patrouille des Castors, MITACQ, rue Blaes

BARUTI Barly
Les aventures de Sako et Yannick : Objectif Terre
1994 - AGCD (Administration générale de la Coopération au Développement)

BERTHET Philippe
Couleur Café
1986 - Éditions Dupuis

BUCQUOY - TITO
Jaunes : Aux limites du réel
1986 - Éditions Glénat
Jaunes : Ordre nouveau ?
1986 - Éditions Glénat
Jaunes : Le transfert slave
1986 - Éditions Glénat

CARIN - RIVIÈRE - BORILE
Le Code Zimmerman, l'Opéra de la mort
1986 - Éditions du Lombard

CORIA et VERNES
Une aventure de Bob Morane : Snake
1989 - Éditions du Lombard

DE MOOR Bob
Les aventures de Barelli : Bruxelles bouillonne
1990 - (Édité sous la responsabilité du ministère de la Santé publique et des Affaires bruxelloises de la Communauté flamande)

de VILLE Baudouin
L'inconnu de la Tamise : Atomium 58
1986 - Éditions Récréabull

DUCHÂTEAU - HULET
Pharaon : Des ombres sur le sable
1997 - Éditions Glénat

FRANCQ - DE GROOT
Des villes et des femmes (tome I)
1987 - Éditions Dargaud

FRANQUIN André
Une grande aventure de Spirou et Fantasio : Il y a un sorcier à Champignac
1977 - Éditions Dupuis

BIBLIOGRAPHIE BD

FRANZ et DENAYER
Gord, le spit du snack
1988 - Éditions du Lombard

GOFFIN et RIVIÈRE
Le réseau Madou
1982 - Éditions Casterman

GRATON Jean
Michel Vaillant : Racing-Show
1985 - Graton éditeur

HERGÉ
Les aventures de Tintin : Le secret de la Licorne
1974 - Éditions Casterman

HULET Daniel
L'État morbide - Acte Premier : La Maison-Dieu
1987 - Éditions Glénat

JACOBS Edgar P.
Les aventures de Blake et Mortimer : Le mystère de la grande pyramide (tome I)
1986 - Éditions Dargaud

JOOS et ANDRIEU
Ostende-Miami
1984 - Éditions Ice Crim's

JUILLARD A. et SENTE Y.
Les aventures de Blake et Mortimer : Les sarcophages du 6e continent (tome I)
2003 - Éditions Blake et Mortimer / Studio Jacobs

MAGDA et LAPIÈRE
Le tueur, Charly
1997 - Éditions Dupuis

REDING
Jari et le plan Z - Une histoire du journal Tintin
1964 - Éditions du Lombard

SANTI et BUCQUOY
Une aventure de Gérard Craan : Au Dolle Mol
1982 - Éditions Michel De Ligne

SCHUITEN et PEETERS
Les Cités Obscures : Brüsel
1992 - Éditions Casterman

SLEEN Marc
De avonturen van Nero : De zwarte toren
1987 - Éditions du Standaard
De avonturen van Nero : De verloren zee
1988 - Éditions du Standaard
De avonturen van Nero : Man van Europa
1990 - Éditions du Standaard
De avonturen van Nero : Singboga
1995 - Éditions du Standaard
De avonturen van Nero : Het spook uit de zandstraat
1996 - Éditions du Standaard
De avonturen van Nero : De roos van Sakhti
1997 - Éditions du Standaard

STANISLAS, BOCQUET et FROMENTAL
Les aventures d'Hergé
1999 - Éditions Reporter

STEEMAN et MALIK
Gertrude au pays des Belges
1996 - Éditions « Nous »

TIBET - A.P. DUCHATEAU
Ric Hochet : Les témoins de satan
1989 - Éditions du Lombard
Ric Hochet : B.D. Meurtres
2000 - Éditions du Lombard

VAN HAMME et VALLÈS
Les maîtres de l'orge, Noël 1932
1995 - Éditions Glénat

VANDERSTEEN Willy
Bob et Bobette : Le Fantôme espagnol
1993 - Éditions du Standaard
Bob et Bobette : Manneken-Pis l'irascible
1988 - Éditions du Standaard

L'éditeur et l'auteur tiennent à remercier les maisons d'édition ainsi que les dessinateurs et scénaristes qui ont permis la réalisation de ce guide.

L'auteur tient également à remercier Céline Corna Pellegrini, le Docteur et Sandrine Vandorselaer pour leur aide et l'intérêt qu'ils ont porté au cours de l'élaboration de cet ouvrage, ainsi que la Société Immobilière des Nations pour son appui technique lors de la réalisation de l'avant-projet de ce guide.

Avec le soutien

de l'Échevinat du Tourisme de la ville de Bruxelles

du Centre belge de la Bande dessinée

de la Région de Bruxelles-Capitale

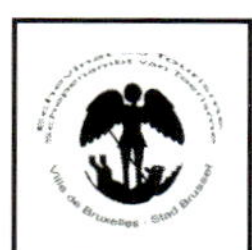 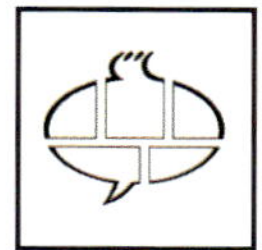 

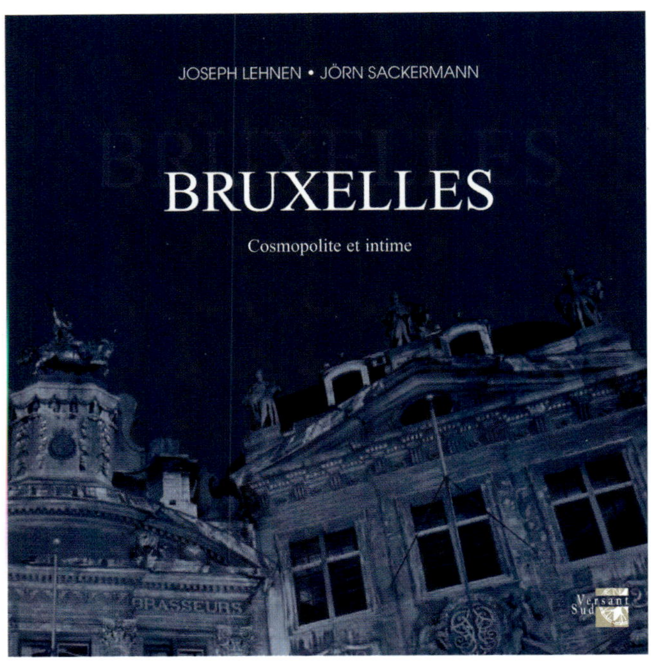

Joseph Lehnen
Photographe : Jörn Sackermann

BRUXELLES
COSMOPOLITE & INTIME

Bruxelles, du village médiéval de saint Géry à la capitale de l'Europe. L'auteur multiplie les points de vue sur une ville qu'ont chantée les poètes, mais qui garde sa part de charme secret.
Coup d'œil sur l'histoire, flash sociologique, regard attendri sur les petits métiers... et promenades-découvertes à travers ses quartiers, connus ou méconnus : telles sont les lignes de force de cet ouvrage, qui dévoile en outre ses « bonnes adresses », culturelles, gastronomiques ou plus pratiques.

www.versant-sud.com

ÉDITIONS Versant Sud